Gerda Pighin
KINDERSPIELE FÜR DIE KLEINSTEN

Gerda Pighin

KINDERSPIELE für die KLEINSTEN

Über 180 Spielideen

Bassermann

Impressum

ISBN 978-3-8094-3842-7

2. Auflage 2018
© 2017 by Bassermann Verlag, einem Unternehmen der Verlagsgruppe Random House GmbH, Neumarkterstr. 28, 81673 München

Die Verwertung der Texte und Bilder, auch auszugsweise, ist ohne die Zustimmung des Verlags urheberrechtswidrig und strafbar. Dies gilt auch für Vervielfältigungen, Übersetzungen, Mikroverfilmung und für die Verarbeitung mit elektronischen Systemen.

Projektleitung: Martha Sprenger
Konzeption, Illustration und Realisation:
Medienprojekte München
Umschlaggestaltung: Atelier Versen, Bad Aibling
Herstellung: Elke Cramer

Die Informationen in diesem Buch sind von der Autorin und vom Verlag sorgfältig erwogen und geprüft, dennoch kann eine Garantie nicht übernommen werden. Eine Haftung der Autorin bzw. des Verlags und seiner Beauftragten für Personen-, Sach- und Vermögensschäden ist ausgeschlossen.

Druck und Bindung: Alföldi Nyomda Zrt., Debrecen
Printed in Hungary

Verlagsgruppe Random House FSC®- N001967

Inhalt

Vorwort	9
Toben, Turnen und Bewegen	10
Fliegen	12
Gymnastik	12
Baby-Turnen	13
Schaukelspiele	13
Kniereiterspiele	14
Reiten	15
Turnstunde	15
Beingymnastik	16
Aufstützen	16
Tolle Rolle	17
Fahrstuhl	17
Rutsche	17
Auf und ab	17
Angeln	17
Schifffahrt	18
Hoch hinaus	18
Immer wieder	18
Ballspiele	19
Klettermaxe	19
Tauziehen	19
Kletterbaum	20
Schlangenjagd	20
Brücke	20
Uhren	21
Butter stampfen	21
Akrobat	22
Wettlauf	22
Springen	23
Fahrzeug	23
Pferdekoppel	23
Hasen-Hüpfen	24
Treppenlauf	24
Kopfüber	24
Tierschau	24
Schubkarre	25
Hindernislauf	25
Fußgymnastik	26
Sportstunde	26
Spreizgang	26
Balancieren	27
Bäumchen, wechsel Dich!	27
Fingerspiele	28
Gesichter	30
Finger-Zoo	30
Der Bär	30
Krabbelkäfer	31
Daumenspiel	32
Schlepper	32
Kaufmann	33
Mäusebesuch	33
Zwergenspiel	34
Mücke	34
Fünf Fingerlein	34
Morgengruß	35
Mäuschenspiel	35
Zippel-Zappelfinger	36
Bäumchenklettern	36
Bunte Gesichter	37
Fünf Freunde	37
Besuch	37
Fingergymnastik	38
Fingertanz	38
Puppentheater	39
Die Faust	39
Kitzelspaß	39
Wackelfinger	40
Hopsen	40
Gespensterreigen	40
Häuschen	41
Zehn Zappelfinger	41
Wackelfinger	42
Vögel	42

Inhalt

Bauernhof	43
Nachwuchs	44
Gewitter	44
Regentanz	44
Fünf Männlein	45
Singen, Tanzen, Ringelreihen	**46**
Zeigt her eure Füßchen	48
Alle Vögel sind schon da	48
Der Kuckuck und der Esel	49
Put, put, put, ihr Hühnerchen	49
Spannenlanger Hansl, Nudeldicke Dirn	50
Hänschen klein	50
Horch, was kommt von draußen rein?	51
Bienchen, summ herum	51
Das bucklige Männlein	52
Der kleine weiße Zahn	52
Fleißige Handwerker	53
Grün, grün, grün, sind alle meine Kleider	54
Heißa Kathreinerle	55
Brüderchen, komm, tanz mit mir!	55
Bi-Ba-Butzemann	56
Suse, liebe Suse	56
Fuchs, du hast die Gans gestohlen	57
Sommer	58
Kommt ein Vogel geflogen	59
Bruder Jakob	59
Laternenlieder	60
Jahreszeitenlieder: Winter	61
Guten Appetit-Lieder	62
Tanzen und hopsen	63
Musik machen	63
Kniereiterverse	64
Musik und Tanz	66
Adieu	66
Ringelreihen	67
Verstecken	67
Guten Morgen	67
Spiele für die Sinne	**68**
Schauen und entdecken	70
Klangspiele	70
Grimassen	70
Streichelspiele	71
Geräusche	72
Entdeckungsreise	72
Massage	72
Faszinierendes Versteckspiel	72
Gespenster	73
Ohren gespitzt	73
Anregung für die Augen	73
Knistern	74
Tasten	74
Verstecken	74
Zärtlich	74
Ausleeren	75
Wasserprusten	75
Tastwand	76
Schnuppern und schmecken	76
Musizieren	76
Sonne und Regen	77
Sortieren	77
Musik sehen	78
Bahnhof	78
Schau genau	78
Körperbild	78
Traumreisen	79
Wolkentiere	80
Memory	80
Bauchballett	81
Sinnesrätsel	81
Hmmm, das duftet	81
Lichtspiele	82
Bodenbild	82
Was klingt denn da?	82
Das schmeckt!	83
Fühlen und tasten	83
Sachen suchen	84
Perspektive	84
Stille hören	85
Fühlen und zählen	85
Entdecker	85
Geräusche raten	86
Versteinern	86
Kräftige Puste	86
Muskelspiele	87
Storchenprinz und Schmusekater	87

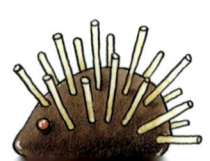

Inhalt

Ich bin ein Cowboy	**89**
Vögelchen	90
Hund, Katze, Ente	90
Beim Kinderarzt	90
Kochen	91
Mama – Papa	91
Essen gehen	91
Kapitän	92
Prinzessin und Cowboy	92
Super-Riese	92
Klempner	93
Taxifahrer	93
Was alles passiert	93
Gärtner	94
Feuerwehr	94
Rennfahrer	95
Busfahrer	95
Kaufmann	95
Maurer	96
Tagesmutter/Erzieherin	96
Modenschau	97
Kranfahrer	97
Bildergalerist	98
Nachrichtensprecher	99
Urlaub	99
Osterhase	99
Alltag und Haushalt	**101**
Lieder in der Küche	102
Küchenspiele mit dem Baby	104
Das Krabbelkind hilft mit	104
Schaumkrönchen	105
Stapeln	105
Gemeinsam backen	105
Wasser marsch	106
Staub wischen	106
Gießen	106
Tauschen	107
Sammeln	107
Spülen	107
Ausräumen	108
Erfühlen	108
Falten und legen	109
Salzteig kneten	109
Waschen und schneiden	109
Waschtag	110
Backen	110
Heimwerker	110
Besuch ist da	111
Tisch decken	111
Salat schleudern und zupfen	112
Nähen	112
Puppenhaus	112
Ordnen	112
Spülmaschine bedienen	113
Staubsaugen	113
Müll trennen	113
Malen, basteln, reißen, kleben	**114**
Einstecken	116
Schiffchen	116
Muster	116
Stempelbilder	117
Küchenbilder	117
Strukturbilder	118
Perlenkette	118
Zauberbild	118
Abdrücke	119
Abstraktes	119
Kastanien schubsen	119
Sterne	120
Knetebilder	120
Laterne basteln	120
Skulpturen	120
Klebebild	121
Post für Oma	121
Fingerwichtel	122
Masken basteln	122
Herbstbild	123
Waldbilder	123
Mobile	124
Forscher	124
Malerhut aus Zeitungspapier	124
Eierbecher	125
Fadenbilder	125
Faltschmuck	125
Register von A bis Z	**126**

Riesenspaß:
Sackhüpfen

Muskelspiel:
Schubkarre

Heiterkeit:
Grimassen
schneiden

Vorwort

„**Mama spielen**". Für Eltern ist es oft anstrengend, wenn der Nachwuchs diesen Wunsch äußert. Doch spielen ist für Kinder alles. Sie unterscheiden nicht wie Erwachsene zwischen Pflichten und Vergnügen. Tisch decken ist ebenso spannend wie Bilderbuch anschauen. Memory spielen genauso aufregend wie Wäsche in die Waschmaschine legen. Und: Spielen ist wichtig. Im Spiel lernt ein Kind, entwickelt seine Fähigkeiten, gewinnt Vertrauen in sich selbst und in seine Umwelt. Schon die Allerkleinsten mögen es, wenn mit ihnen gespielt wird. Geräusche, Bewegung, Herumtragen, Singen – am besten machen Mütter und Väter alles, was ihnen selbst und dem Kleinen Spaß macht. Für Kleinkinder sind die tollsten Spielsachen Alltags- und Haushaltsgegenstände. Zu den schönsten Spielen gehört: Mama helfen oder alles nachspielen, was Mama und Papa so machen.

Damit Spielen mit dem Kind nicht zum Stress für die Eltern wird, bietet dieses Buch zahlreiche einfache Anregungen, die sehr leicht nachzumachen sind. Auch dies kann helfen:

- Das Kind nicht unterbrechen, wenn es von sich aus spielt.
- Ermunterung und Anregung braucht das Kleine nur, wenn ihm selbst nichts mehr einfällt.
- Das Kind möchte gelobt werden, wenn es etwas geleistet hat. Das zeigt ehrliches Interesse der Eltern.
- Verbessert oder kritisiert sollten kleine Kinder beim Spielen nicht werden. Sie brauchen die Möglichkeit, etwas auszuprobieren und auch Fehler zu machen.
- Ideal ist es, wenn das Kind in den Alltag einbezogen wird.

Ihre
Gerda Pighin

Komm, wir laufen um die Wette.

Toben, Turnen und Bewegen

Schon früh – singen und tanzen

Auch wenn Eltern manchmal genervt sind: Bewegung ist für ein Kind von Geburt an notwendig. Der kleine Körper wächst, Muskeln, Bänder, Knochen, Gelenke brauchen Anregungen für ihre Entwicklung. Koordination, Gelenkigkeit, Geschicklichkeit müssen geübt werden.

Schließlich ist ein gut trainierter, beweglicher Körper eine wichtige Voraussetzung fürs Sprechenlernen, für die Gehirnentwicklung und fürs spätere Lernen in der Schule. Denn im Bewegungsspiel werden Nervenbahnen stimuliert und Verbindungen im Gehirn gefördert. „Nur wer rückwärts gehen kann, kann auch rückwärts rechnen" (abziehen, rückwärts zählen), das ist eine alte und bekannte Weisheit von Entwicklungsfachleuten.

Fliegen

Training für den Gleichgewichtsinn,
ab ca. 4 Wochen

■ Das Baby fest im Arm halten oder bäuchlings auf den Unterarm legen und gut festhalten und sich damit im Kreis drehen. Wenn das Baby nicht zu schwer ist, kann man es ein Stück vom Körper entfern halten und beim Drehen auf und ab bewegen. So entsteht ein deutliches Gefühl zu fliegen.
Vorsicht! Niemals das Kind an den Händen oder Armen hochziehen. Dabei kann sich das Schultergelenk auskugeln und das Ellenbogengelenk verletzt werden.

Gymnastik

Koordination, Motorik, Beweglichkeit, ab ca. 8 Wochen

■ Das Kind liegt auf dem Rücken, Mutter oder Vater machen mit seinen Beinchen und Ärmchen die Bewegungen mit.

Die Maus hat rote Strümpfe an,
damit sie besser radeln kann.
Sie radelt bis nach Dänemark,
denn radeln macht die Beine stark.

Die Maus hat rote Handschuh' an,
damit sie besser rudern kann.
Sie rudert bis nach Dänemark,
denn rudern macht die Arme stark.

Baby-Turnen
Für die gesamte Entwicklung, ab ca. 3–4 Wochen

■ Das Baby liegt auf dem Rücken, etwa beim Wickeln. Sacht seine Ärmchen nehmen und nach der Seite ausbreiten. Dann über der Brust kreuzen. Einzeln nacheinander nach oben strecken, anschließend beide Ärmchen gleichzeitig nach oben und wieder nach unten beugen. Auch mit den Beinchen lassen sich Streck-, Beuge- und Spreizübungen machen.
Besonders großen Spaß haben Mama und Baby, wenn dabei gesungen wird, Verse aufgesagt werden oder eine Spieluhr die Musik macht und den Rhythmus vorgibt, zum Beispiel:

*Ein Männlein steht im Walde, ganz still und stumm.
Es hat aus lauter Purpur
ein Mäntlein um.
Sagt, wer mag das Männlein sein,
das da steht im Wald allein
mit dem Purpurroten Mäntelein?*

*Das Männlein steht im Walde auf einem Bein,
es hat auf seinem Haupte
ein Käpplein klein.
Sagt, wer mag das Männlein sein,
das da steht im Wald allein
mit dem kleinen schwarzen Käppelein?*

Schaukelspiele
Tastsinn, Gleichgewicht, Motorik, ab ca. 8 Wochen

■ Das Baby mag getragen und geschaukelt werden.
  • Auf die Oberschenkel legen und sanft hin- und herwiegen.
  • Auf eine große Decke auf den Rücken legen. Papa und Mama nehmen die Decke fest an den vier Ecken und schaukeln damit das Baby.

Variante: Einen kleinen Wasserball oder sehr leichten Stoffball an einer Schnur befestigen und in die Nähe der Babyfüße halten oder hängen, so dass es dagegen treten kann.

Tragen und wiegen

Kniereiterspiele

Aufmerksamkeit, Rhythmusgefühl, Reaktion, ab ca. 8 Wochen

■ Das Kind sitzt auf dem Schoß. Zum Lied wird es durch rhythmische Beinbewegung von Mutter oder Vater auf und ab geschaukelt. Am Ende kann man es vorsichtig ein wenig nach unten plumpsen lassen, je nach Alter von sanft bis etwas heftiger.

Hopp, hopp, hopp, Pferdchen lauf Galopp.
Über Stock und über Steine, aber brich dir
nicht die Beine.
Hopp, hopp, hopp, Pferdchen, lauf Galopp.

Tipp, tipp, tapp.
Wirf mich nur nicht ab!
Zähme deine wilden Triebe, Pferdchen,
tu es mir zuliebe.
Tipp, tipp, tapp,
wirf mich nur nicht ab!

Br, br, br,
steh' mein Pferdchen, steh'.
Sollst noch heute
weiter springen,
muss dir erst das Futter bringen.

Br, br, br,
steh' mein Pferdchen, steh'.

Toben, Turnen und Bewegen 15

Reiten

Rhythmusgefühl, Reaktion,
ab ca. 8 Wochen

■ Kind auf den Schoß setzen und im Takt auf und ab wippen – mal langsam, mal schnell. Am Ende herunterplumpsen lassen.

*Ich bin ein kleines Pony,
mein Reiter der heißt Conny.
Schreit Conny einmal „hopp",
dann lauf' ich im Galopp.
Wird mir die Puste knapp,
dann laufe ich im Trab.
Und komm' ich nicht mehr mit,
dann laufe ich im Schritt.
Und mache ich mal schlapp,
dann werf' ich Conny ab.*

Pferde — faszinierend für die Kleinen. Aber geritten wird erstmal auf Mamas Schoß.

Turnstunde

Muskulatur, Gleichgewicht, Bewegungsfähigkeit,
ab ca. 3 Monate

■ Auf dem Wickeltisch oder nach dem Baden, wenn das Baby nackt ist: Beide Hände nehmen, die Arme sehr sanft hochziehen, so dass es seinen Kopf schon ein wenig anheben muss. Dann die Arme des Babys auseinanderbreiten und wieder vor der Brust kreuzen. Im Anschluss beide Ärmchen nach oben legen und wieder nach unten, neben den Körper.
Mit den Beinchen vorsichtig Schwimmbewegungen machen. Niemals gegen Widerstand bewegen.

Beingymnastik

Motorik, Sinne, Vertrauen,
ab ca. 4 Monate

■ Das Kind liegt auf dem Rücken (etwa beim Wickeln). Mama sagt „diiiing" und hebt dabei ein Beinchen des Kleinen hoch. Dann sagt sie „doooong" und lässt es dabei wieder langsam herunter auf die Unterlage. Je nachdem wie viel Spaß das Baby hat, kann das Tempo auch ein wenig gesteigert werden.
Variante: Die Beinchen werden zu einem Lokomotiven-Geräusch (tsch, tsch, tsch) im Strampelrhythmus hin und her, auf und ab bewegt.

Aufstützen

Muskulatur, Tastsinn, Gleichgewicht,
ab ca. 4 Monate

■ Das Baby liegt auf den Bauch, Mama oder Papa gegenüber oder daneben (zum Beispiel auf einem großen Bett oder auf einer Decke auf dem Boden). Nun auf die Arme stützen und langsam nach oben kommen. Nach allen Seiten schauen, aufzählen, was zu sehen ist (Schrank, Teddy, Kleidung, Tür...). Wieder auf den Bauch fallen lassen und mit den Beinen strampeln. Das Baby macht begeistert mit und je älter es ist, umso höher kommt es.

Tolle Rolle
Gleichgewicht, Bewegung, Sinne, ab ca. 5 Monate

■ Das Baby liegt auf dem Rücken auf einem Tuch (auf dem großen Bett oder auf dem Boden, damit es nicht herunterfallen kann). Mama hebt eine Seite des Tuchs leicht an. Hebt das Baby ein Bein? Dann wird das Tuch wieder heruntergelassen und zur anderen Seite angehoben. So lange, wie es dem Kleinen Spaß macht.

Fahrstuhl
Gleichgewicht, Motorik, ab ca. 6 Monate

■ Mama hält das Baby unter den Achseln, Gesichter zueinander. Dann hebt sie das Kleine langsam hoch und lässt es wieder herunter. Wieder hoch und wieder herunter. Wie in einem Fahrstuhl. Eine entsprechende Geschichte kann dazu erzählt werden.
Variante: Mama hebt das Kind langsam hoch und lässt es schnell wieder herunter. Huiii, das ist ja wie im Flugzeug. Aber Achtung! Das Kind soll Spaß haben und keine Angst bekommen.

Auf und ab
Gleichgewicht, Motorik, Vertrauen, ab ca. 6 Monate

■ Das Baby sitzt bei Mama auf dem Schoß. Diese „verlagert" das Kleine, indem sie abwechselnd ihre Beine anhebt, das Kind nach vorne, hinten und zu beiden Seiten kippen lässt (vorsichtig natürlich).

Angeln
Beweglichkeit, Muskulatur, ab ca. 6 Monate

■ Mama und Baby liegen sich bäuchlings auf dem Boden gegenüber. Mama winkt mit einem Lieblingsspielzeug, das soll sich das Baby angeln. Es wird sich vermutlich mit einem Arm abstützen, um das Spielzeug zu erwischen.

Rutsche
Gleichgewicht, Motorik, Sinne, ab ca. 6 Monate

■ Mama sitzt auf dem Boden, das Kind auf ihren Oberschenkeln oder Knien. Sie hebt langsam die Beine, so dass das Kind zu ihrem Bauch rutschen kann.

Schifffahrt

Gleichgewicht, Motorik, Beweglichkeit, ab ca. 6 Monate

■ Kind sitzt auf dem Schoß, wird unter den Armen festgehalten, nach links und rechts geschaukelt, ins Gesicht geblasen und nach hinten umgekippt. Dazu ein Lied:

*Fährt ein Schifflein übers Meer,
schaukelt hin und schaukelt her,
kommt ein großer Sturm,
bläst das Schifflein um.*

Hoch hinaus

Gleichgewichtssinn, Vertrauen, ab ca. 6 Monate

■ Das Kind wird von Mutter oder Vater hochgeworfen und wieder aufgefangen. Anfangs nur andeutungsweise, dann ein winziges Stück, später immer mehr.

Immer wieder

Gleichgewicht, Geschicklichkeit, ab ca. 6 Monate

■ Ein paar Spielsachen werden nacheinander ins Bett des Babys gelegt oder sanft geworfen. Das Baby nimmt jedes Stück und wirft es wieder raus. Mama hebt es auf und wirft es wieder zurück. Solange Mama und Kind Spaß daran haben.

Wunderbar: Mit dem großen Bruder auf dem Sessel kuscheln.

Ballspiele

Gleichgewicht, Geschicklichkeit, Koordination,
ab ca. 6 Monate bis Kindergartenalter

- Einen weichen Stoffball aus kurzer Entfernung aufs Baby zurollen, es ermuntern, ihn zurückzurollen.
- Den Ball über eine schiefe Ebene, z. B. die gestreckten Beine der Mutter, rollen lassen.
- Den Ball ins Babybett werfen, dass ihn das Kleine wieder herauswerfen kann.
- Falls das Kind schon krabbelt: den Ball durch die Wohnung rollen lassen, unterm Tisch hindurch, um ein Stuhlbein herum…
- Mit gespreizten Beinen auf dem Boden gegenüber sitzen – je älter das Kind ist, umso größer darf der Abstand sein, anfangs stoßen die Füße noch aneinander. Dann rollt der Ball hin und her.

Variante 1: bei geschlossenen Beinen (etwa ab 3 Jahren), links und rechts daran vorbei.
Variante 2: Brücke im Vierfüßlerstand. Das Kind rollt den Ball unten durch. Es krabbelt hinterher oder außen herum.
Variante 3: Auch das Kind darf mal die Brücke sein, wenn es eine kleine Rast braucht.
- Den Ball ein Stück durch die Wohnung rollen, das Kind muss ihn fangen.
- Mama steht gegrätscht, das Kind hinter ihr. Mama lässt einen Ball zwischen ihren Beinen nach hinten rollen. Das Kind fängt den Ball, dreht sich um und lässt ihn genauso zurückrollen (ab 2 Jahre).

Klettermaxe

Muskulatur, Geschicklichkeit,
ab Krabbelalter

- Das Kind unter den Achseln nehmen und an Mama oder Papa „hochklettern" lassen – über Beine und Bauch bis zur Brust. Ist es oben angelangt, darf es ganz schnell wieder hinabgleiten und das Kletterspiel von vorn beginnen.
Wichtig: Immer gut festhalten. Kleine Kinder sind vertrauensvoll, es ist ihnen nicht klar, dass sie sich verletzen können.

Tauziehen

Gleichgewicht, Beweglichkeit, Konzentration, Sinne, ab Sitzalter

- Sobald das Kind sitzen kann, bekommt es das Ende eines Tuchs in die Hand. Mama oder Papa ziehen sanft am anderen Ende. Wieder locker lassen, wieder ziehen …

Kletterbaum

Koordination, Gleichgewichtsinn, ab ca. 9 Monate

■ Papa oder Mama sind der „Kletterbaum". Dafür auf den Rücken legen (am besten auf den Boden auf eine weiche Decke) und das Kleine animieren, zu klettern.
<u>Variante 1:</u> Vierfüßlerstand. Nun darf das Kind (ab etwa eineinhalb Jahren) das „Pferd" besteigen und ein wenig darauf reiten.
<u>Variante 2:</u> Auf den Bauch legen, das Kind darf sich auf den Rücken setzen, dann erhebt sich das „Kamel" langsam in den Vierfüßlerstand.
Je nach Temperament und Alter des Kindes kann man auch ein „scheuendes" Pferd sein, das seinen Reiter immer wieder abzuwerfen versucht.

Schlangenjagd

Selbständigkeit, Geschicklichkeit, Motorik, Sinne, ab ca. 12 Monate

■ Ein buntes Tuch oder ein Nachziehspielzeug ist die Schlange, die von Mama oder Papa durch die Wohnung geschlängelt wird. Das Kind krabbelt oder läuft hinterher, bis es sie erwischt hat.

Kann das Kind schon laufen, darf es auch selbst die Schlange spielen.

Brücke

Geschicklichkeit, geistige Entwicklung, Motorik, ab ca. 12 Monate

■ Mama oder Papa bilden mit ihrem Körper eine Brücke, indem sie in den Vierfüßlerstand auf den Boden gehen. Das Kind darf unten durch krabbeln, Spielzeugschiffe durchfahren lassen, sich um die Brückenpfeiler (Arme und Beine der Eltern) schlängeln – und wenn es schon etwas größer ist, auch mal über die Brücke hinwegturnen.

Zzzzzz...

Uhren

Koordination, Gleichgewicht, Motorik, ab ca. 12 Monate

■ Kind vor sich hinstellen, unter den Armen durchgreifen und die Hände vor dem Bauch des Kindes verschränken. Dann das Kind hochheben und hin- und herschwenken. Schließlich auf den Rücken legen und am Bauch kitzeln. Dazu der Vers:

Große Uhren machen tick-tack, tick-tack
kleine Uhren machen ticke-tacke, ticke-tacke
die kleinen Taschenuhren machen tick, tick, tick, tick
die Sanduhr dreht sich um
und der Wecker der macht "brrrrrr"

Butter stampfen

Motorik, Rhythmusgefühl, ab ca. 12 Monate

■ Das Kind sitzt auf dem Schoß der Mutter oder gegenüber im Kinderstuhl am Tisch. Nun mit der Faust den Daumen des Kindes umfassen, den eigenen Daumen oben hochstehen lassen. Jetzt macht das Kind eine Faust und umfasst den mütterlichen Daumen. Das geht immer so weiter (ist auch mit mehreren Menschen möglich), bis keine Hand mehr frei ist. Dann wird mit dem Fäusteturm auf den Tisch geklopft. Dazu kann man singen oder abzählen:

Butter stampfen, Butter stampfen,
eine Hand muss weg.

Die oberste Faust wird „abgebaut". Dann geht es weiter, bis alle Fäuste weg sind. Wenn das Kind dann noch Lust hat, kann der Turm wieder aufgebaut werden:

Butter stampfen, Butter stampfen,
eine Hand muss hin.

Akrobat

Motorik, Konzentration, Schnelligkeit, ab ca. 1 ½ Jahre

■ Mama zieht eine Kordel in Schlangenlinien über den Boden. Das Kind versucht, die Kordel zu fangen, indem es aufs Ende springt. Jedes Mal, wenn es geklappt hat, wird es gelobt. Zur Abwechslung kann auch das Kind die Kordel führen und Mama muss sie „fangen".
<u>Variante:</u> Die Kordel wird in gerader Linie über den Boden gezogen, das Kind (oder Mama) muss darüber springen.

Je jünger das Kind ist, umso langsamer muss die Kordel gezogen werden. Steht es darauf, unbedingt sofort anhalten, damit es nicht umkippt.

Wettlauf

Geschicklichkeit, Wahrnehmungsfähigkeit, Motorik, ab ca. 1 ½ Jahre

■ Kind und Mama (oder ein anderes Kind) haben jeweils ein Nachziehspielzeug oder ein Tuch in der Hand, mit dem sie durch die Wohnung laufen. Davor werden ein Parcour und ein Ziel bestimmt. Etwa einmal um den Tisch, dann am Sofa vorbei und schließlich ins Kinderzimmer. Wer zuerst da ist, bekommt eine Belohnung. Möglich ist dieses Spiel auch als Fangenspiel: Ein Spielzeug fängt das andere.

Als Belohnungen eignen sich kleine Spielsachen, Buntstifte oder Obststücke.

Springen

Geschicklichkeit, Wahrnehmungsfähigkeit, Motorik, ab Laufalter (ca. 1 ½ Jahre)

▪ Sobald das Kind laufen kann, soll es auch springen dürfen: Erst von ganz niedrigen Dingen, etwa von einem Kissen oder einer Matratze auf dem Boden. Später auch von höheren wie Fußschemel, Treppenstufe, Sofa.

Pferdekoppel

Muskulatur, Geschicklichkeit, ab ca. 1 ½ Jahre

▪ Vierfüßlerstand des Erwachsenen. Das Kind darf sich auf den Rücken setzen und so durchs Zimmer „reiten". Danach darf der Teddy oder eine Puppe auf dem Kind reiten; oder auf der Mama und das Kind führt das Pferd.

Fahrzeug

Selbständigkeit, Geschicklichkeit, Motorik, Sinne, ab ca. 1 ½ Jahre

▪ Zwei Tücher oder Stäbe werden von Kind und Mama in die Hände genommen. So sind sie ein Zug, ein Auto, eine Elefantensafari, die sich auf den Weg durch die Wohnung machen. Erst darf das Kind die Lok oder ein anderer Anführer sein, dann die Mama.

Super, wenn der Teddy auch noch auf Papa mitreiten darf.

Hasen-Hüpfen

Geschicklichkeit, Wahrnehmungsfähigkeit, Motorik, Sinne, ab ca. 2 Jahre

■ In die Hocke gehen oder aus dem Stand loshüpfen und einen Hasen spielen. Dieser hüpft aufs Sofa, um Tisch und Stuhl, durchs ganze Zimmer. Am Ende winkt eine Belohnung (ein kleines Spielzeug etwa).
Das kann mit Mama oder einem weiteren Kind auch als Wettspiel gespielt werden, bei dem der Gewinner die Belohnung bekommt.

Treppenlauf

**Körperwahrnehmung, Geschicklichkeit, Motorik,
ab ca. 2 Jahre**

■ Mama und Kind „laufen" Hand in Hand Treppen (maximal drei Stufen) hinauf und wieder hinunter. Wenn das Kind mag, kann es von der letzten Stufe springen.

Kopfüber

Rhythmik, Sinne, ab ca. 2 Jahre

■ Die Beine grätschen, nach vorne beugen und kopfüber durch die Beine schauen. Was spüren wir? Ein bisschen Schwindel? Wie sieht der Garten, die Wohnung, das Spielzeug auf dem Kopf aus? Oder Mamas Gesicht?

Tierschau

**Gleichgewicht, Koordination,
ab ca. 2 Jahre**

■ Ein Storch steht lange auf einem Bein. Dann stakst er los und zieht bei jedem Schritt ein Bein sehr weit nach oben.
■ Die Schlange liegt am Boden und windet sich langsam vorwärts.
■ Der Hund hat sich eine Pfote verletzt und kann deshalb nur auf dreien (zwei Beine und eine Hand, ab etwa 3 Jahre) humpeln.
■ Die Giraffe streckt ihren Kopf und beide Arme ganz weit nach oben.
■ Der Elefant untersucht mit seinem Rüssel (aus den beiden Armen, die locker vor dem Gesicht nach unten baumeln) das Zimmer.

Du bist die Schubkarre, ich schiebe Dich.

Schubkarre

Gleichgewicht, Beweglichkeit, ab ca. 2 ½ Jahre

■ Das Kind stützt sich mit beiden Händen am Boden auf. Mama nimmt vorsichtig die zwei Füße hoch und lässt das Kind auf seinen Händen „laufen". Anfangs die Füße nur wenige Zentimeter über dem Boden und sehr langsam, später immer höher und schneller.

Hindernislauf

Motorik, Gleichgewicht, ab ca. 2 ½ Jahre

■ Alltagsdinge wie Stuhl, Tisch, Sofa, Kissen auf dem Boden werden zum Hindernis-Parcour erklärt. Das Kind soll über den Stuhl klettern, unter dem Tisch durchrobben, sich auf den Kissen liegend drehen, in der Hocke ein paar Meter zurücklegen (falls es dies schon kann).

Vierfüßlerstand

Wauwau: Ich bin ein Hund, habe Schuhe an allen vier Füßen.

Fußgymnastik

**Motorik, Gleichgewicht,
ab ca. 2 ½ Jahre**

- Das Kind sitzt auf dem Boden, stützt sich mit den Händen nach hinten ab. Nun soll es nacheinander kleine Kissen, leichte Bälle, Decken, Schachteln, Tüten mit seinen Füßen hochheben. Jeder Erfolg wird natürlich gelobt.

Sportstunde

Motorik, Gleichgewicht, Sozialverhalten, ab ca. 2 ½ Jahre

- Das Kind ist der Turnlehrer, gibt vor und zeigt, was gemacht wird: hinlegen, aufstehen, Arme ausbreiten, in die Hocke gehen, in die Luft boxen, im Liegen seitwärts rollen, wie ein Hampelmann springen. Die Rollen können auch getauscht werden. Mama ist der Lehrer, Kind macht mit.

Spreizgang

**Geschicklichkeit, Konzentration, Gleichgewicht, Motorik,
ab ca. 2 ½ Jahre**

- Auf einem Bein stehen, das andere anheben. Eine Weile so stehen bleiben. Dann auf dem anderen Bein stehen. Geschickte Kinder können auf einem Bein stehend das andere Bein hochheben, langsam lang ausstrecken und dann den Schritt nach vorne machen. Das ist eine Gangart, die sehr gute Körperbeherrschung erfordert.

Los geht's!

Schwimmen

Auf allen Vieren durch die Wohnung

Katzenbuckel

Radfahren in der Luft

Balancieren
Gleichgewicht, Muskulatur, Koordination, ab ca. 2 ½ Jahre

■ Mit Kreide einen Strich auf der Terrasse ziehen oder eine Schnur im Zimmer auslegen (es darf ruhig Kurven geben). Das Kind kann darauf im „Storchengang" (bei jedem Schritt wird ein Bein ganz hoch gezogen) balancieren.

Bäumchen, wechsel Dich!
Rhythmik, Sozialverhalten, Motorik, Reaktion, ab ca. 2 ½ Jahre

■ Mehrere Kinder bilden einen Kreis, eines steht in der Mitte. Dieses ruft „Bäumchen, wechsel dich!". Sofort laufen alle los, auch das „Mittelkind" und suchen sich einen neuen Platz im Kreis. Kann der Rufer dabei ein anderes Kind abschlagen, muss dieses jetzt in die Mitte des Kreises.

Mit größeren Kindern, etwa ab vier, kann man dieses Spiel auch im Park oder Wald spielen. Dann steht jedes Kind an einem Baum und muss zu einem anderen Baum rennen.

Finger-spiele

Sie fördern die Sprachentwicklung, Fantasie und Feinmotorik und machen riesig Spaß. Auch für die Sinne, die Gehirnentwicklung und Konzentration sind Fingerspiele von großer Bedeutung. Schließlich ist ihre Wirkung für viele Kinder beinahe magisch – sie kann die Stimmung von traurig in fröhlich verwandeln. Der tollste Vorteil: Die Finger sind immer dabei und jederzeit einsatzbereit.

Eins, zwei, drei – du bist dabei.

Gesichter

Für die Sinne (sehen, hören), Konzentration,
ab ca. vier Wochen

- Gesichter auf die Fingerkuppen malen, den einzelnen Fingern Namen geben und dann Geschichten erzählen – zum Beispiel, was Mama und Baby den ganzen Tag gemacht haben.

Ist das Kind schon etwas größer (etwa ab 2 Jahre), freut es sich, wenn es auch ein paar so wunderschöne Finger-Gesichter bekommt. Dann können Mama und Kind in Dialog treten und sich gegenseitig Geschichten erzählen.

Finger-Zoo

Sinne (sehen, hören), Konzentration, Feinmotorik,
ab ca. vier Wochen

- Alle meine Fingerlein
wollen einmal Tiere sein.
Dieser Daumen dick und rund
ist ein großer Schäferhund.
Der Zeigefinger ist
ein stolzes Pferd,
bei jedem Reiter sehr begehrt.
Der Mittelfinger ist die Kuh,
die macht immer
muh, muh, muh.
Der Ringfinger ist ein Ziegenbock,
der hat einen langen Zottelrock.
Und das kleine Fingerlein,
das will unser Lämmchen sein.
Die Tiere laufen hopp, hopp, hopp,
laufen immer im Galopp,
laufen in den Stall hinein,
denn es wird bald dunkel sein.

Immer den jeweiligen Finger hochstrecken, am Schluss mit den Fingern übers Kind krabbeln und kitzeln. Macht auch Zweijährigen noch Spaß.

Gute Nacht, Bär, träume schön

Der Bär

Sinne, Wahrnehmung,
ab ca. 6 Wochen

- Da kommt ein Bär,
wo kommt er her?
Wo will er raus?
In Bübels (Mädels) Haus.

Mit den Fingern über Beine oder Arme krabbeln und schließlich im Brustbereich oder auf dem Bauch kitzeln.

Krabbelkäfer

Sinne, Wahrnehmung, Körpergefühl,
ab ca. 6 Wochen bis Kindergartenalter

- Erst kommt der Sonnenkäferpapa,
dann kommt die Sonnenkäfermama
und hintendrein ganz klitzeklein,
die Sonnenkäferkinderlein.

… sie haben rote Röckchen an,
mit kleinen schwarzen Pünktchen dran.

… sie machen ihren Sonntagsgang
auf unsrer Gartenbank entlang.

… sie wollen auf die Wiese gehn,
wo viele bunte Blumen stehn.

… sie breiten ihre Flügel aus
und fliegen ganz geschwind nach Haus.

… doch abends gehn die Käferlein
in ihre Käferbetten rein.

Mit den Fingern an den Armen des Kindes hochkrabbeln, dann ganz schnell über den Rücken wieder herunter.

Daumenspiel

Koordination, Feinmotorik, Sinne,
ab ca. 3 Monate bis Kindergartenalter

■ Das ist der Daumen Doppeldick,
das sieht man auf den ersten Blick.
Mach' ich die Hand zur Faust,
schlüpft Doppeldick zurück ins Haus.
Er schnarcht, dass sich die Balken biegen.
Komm näher ran, dann siehst ihn liegen.

Mit Daumen und Hand die Bewegungen mitmachen. Anfangs nimmt Mama dabei die Finger des Babys in die Hand und bewegt sie sanft.

Schlepper

Koordination, Sinne, Feinmotorik,
ab ca. 3 Monate bis Kindergartenalter

■ Fünf Finger stehen hier und fragen:
Wer kann diesen Apfel tragen?
Der erste Finger kann es nicht,
der zweite sagt: zu viel Gewicht,
der dritte kann sie auch nicht heben,
der vierte schafft das nie im Leben.
Der fünfte aber spricht:
ganz allein, so geht das nicht!
Gemeinsam heben kurz darauf
fünf Finger diesen Apfel auf.

Mama streckt anfangs die eigenen Finger, später die Finger des Babys hoch und wackelt damit. Am Schluss mit allen Fingern übers Kind krabbeln und kitzeln.

Kaufmann

Koordination, Sinne, Feinmotorik,
ab ca. 3 Monate bis Kindergartenalter

■ Guten Morgen, Frau Meier,
brauchen sie Eier?
Guten Morgen, Frau Lang,
vom Weißbrot 'ne Stang?
Guten Morgen, Frau Dick,
vom Käse ein Stück?
Guten Morgen, Frau Klein,
was darf es für sie sein?

Der ausgestreckte Daumen ist der Kaufmann. Er tippt nacheinander auf jeden Finger der anderen Hand. Das macht am Anfang Mama mit den Fingern des Babys. Ganz sachte. Größere Kinder können am Ende aufzählen, was sie gern vom Kaufmann möchten.

Mäusebesuch

Konzentration, Sprache, ab ca. 3 Monate

■ Da kommt die Maus,
da kommt die Maus,
klingelingeling,
ist Gabo (Name des Kindes) zu Haus?

Mit den Fingern über die Arme zum Kopf krabbeln. Bei „klingelingeling" am Ohr oder an der Nase sanft zupfen oder stupsen. Oder: An den Beinen entlang Richtung Hals krabbeln und am Schluss den Bauch oder Hals kitzeln.

Zwergenspiel

Handgeschicklichkeit, Konzentration, Sinne,
ab ca. 3 Monate bis Kindergartenalter

■ Himpelchen und Pimpelchen
Stiegen auf einen Berg.
Himpelchen war ein Heinzelmann
Und Pimpelchen war ein Zwerg.
Sie blieben dort oben lange sitzen
Und wackelten mit ihren Zipfelmützen.
Doch nach fünfundsiebzig Wochen
Sind sie in den Berg gekrochen.
Schlafen dort in guter Ruh.
Sei mal still und hör gut zu: Chrrrrrr

Die beiden Daumen stellen die beiden Zwerge dar. Sie schauen aus der Faust heraus, wackeln und schlüpfen am Ende wieder in die Faust hinein. Mama macht es vor, bis das Kind es später selbst kann.

Mücke

Körpererfahrung, Sinne,
ab ca. 4 Monate bis
Kindergartenalter

■ Schau, die Mücke
summ, summ, summ
sie fliegt um deinen Kopf herum.
Sie fühlt sich so bei dir zuhaus
und ruht sich auf der Nase aus.

Die Finger um den Kopf kreisen lassen. Nacheinander landet die Mücke auf Arm, Bauch, Ohr, Nase, Knie, Hals, Bein …

Fünf Fingerlein

Rhythmik, Sinne,
ab ca. 4 Monate

■ Zum Däumchen sag ich eins,
zum Zeigefinder zwei,
zum Mittelfinger drei,
zum Ringfinger vier,
zum kleinen Finger fünf.

Entweder jeweils den eigenen Finger hochstrecken oder den des Kindes nehmen und hochklappen. Größere Kinder machen dies schon allein.

Morgengruß

Feinmotorik, Konzentration, Sprache, ab ca. 5 Monate

■ Fünf Fingerlein, die schlafen fest,
gerade wie in einem Vogelnest.
Da kommt die liebe Sonn' herauf,
und scheint auf sie hinauf.

Der Daumen wacht als erster auf.
Er reckt und streckt sich und ruft erfreut:
Guten Morgen, liebe Sonne, schön ist es heut!

Dann klopft er dem Nachbarn auf den Rücken:
He, aufgewacht, genug geschlafen die ganze Nacht.
Der reckt sich und streckt sich und ruft erfreut:
Guten Morgen, liebe Sonne, schön ist es heut.

Dann haben die beiden getanzt und gelacht.
Da sind die drei anderen auch aufgewacht.
Sie recken und strecken sich und rufen erfreut:
Guten Morgen, liebe Sonne, schön ist es heut.

Linke Hand zur Faust ballen. Den Daumen langsam ausstrecken. Mit dem Zeigefinger der rechten Hand auf Zeigefinger der linken tippen (Nachbar). Mit beiden Fingern ein wenig wackeln. Dann alle Finger ausstrecken und mit der ganzen Hand wackeln. Anfangs kann das Baby die Faust ballen und Mama macht die übrige „Arbeit".

Mäuschenspiel

Konzentration, Sprache, ab ca. 4 Monate

■ Kommt ein Mäuschen
übers Häuschen.
Wo will es rasten?
In Evas (Name des Kindes)
Herzkasten.

Dabei mit den Fingern vom Bauch oder von den Füßen aus über das Kind „wandern", am Schluss in der Herzgegend „kitzeln".

Zippel-Zappelfinger

Rhythmusgefühl, Konzentration, Sprache, ab ca. 5 Monate

■ Zippel, zappel, Fingerlein,
wollen gar nicht stille sein.
Sie zappeln hin, sie zappeln her,
und geben keine Ruhe mehr.

Fingerlein, jetzt aber still,
weil ich euch was sagen will.
Nochmal hin und nochmal her,
dann gibt es kein Gezappel mehr.

*Mit allen Fingern erst zappeln, dann kitzeln,
dann alle Finger ausstrecken und still halten,
noch einmal nach allen Richtungen zappeln
und dann beruhigen.*

Bäumchenklettern

Gedächtnis, Konzentration, Sprache, ab ca. 5 Monate

■ Steigt ein Büblein (Mädlein) auf den Baum
Hoch, so hoch, man sieht es kaum.
Hüpft von Ast zu Ästchen,
guckt ins Vogelnestchen.
Hei, da lacht es. Ohh, da kracht es.
Plumps, da liegt es unten.

*Mit den Fingern über den Körper
bis zum Hals krabbeln, kurz und sehr leicht
an die Ohren stupsen und (bei plumps)
schnell wieder nach unten zu den Füßen.*

Bunte Gesichter

Sehen, Hören, Tastsinn, ab ca. 6 Monate

▪ Mama zieht sich einen Haushalts-Gummihandschuh über. Auf die Finger hat sie vorher bunte Gesichter gemalt. Jetzt bewegen sich diese vor dem Kind und erzählen lustige Geschichten. Oder singen. Möglich ist auch ein Gesicht, das auf die ganze Hand gemalt ist. Es kann einen Namen bekommen und sich mit dem Baby unterhalten.

Fünf Freunde

Feinmotorik, Gedächtnis, Konzentration, Sprache, ab ca. 6 Monate

▪ Der ist ins Wasser gefallen,
der hat ihn wieder herausgeholt.
Der hat ihn ins Bett gebracht.
Der hat ihn zugedeckt.
Und der kleine Schlingel
hat ihn wieder aufgeweckt.

*Die einzelnen Finger des Kindes
nacheinander in die Hand nehmen.
Beim Daumen beginnen,
den kleinen Finger ein wenig schütteln.*

Besuch

Gedächtnis, Konzentration, Sprache, ab ca. 6 Monate

▪ Geht ein Mann die Treppe rauf,
klingelt, klopft an –
guten Tag Frau (Herr) Nasemann.

*Mit den Fingern am Arm des Kindes hinaufkrabbeln.
Bei „klingelt" (leicht) am Ohr ziehen, bei „klopft an"
sanft auf die Stirn klopfen. Am Ende auf die Nase tupfen.*

Heißa, ihr Fünf, kommt ihr mich heute besuchen?

Fingergymnastik
Geschicklichkeit, Feinmotorik, Gedächtnis, ab ca. 6 Monate

■ Das ist der Daumen,
der schüttelt die Pflaumen,
der hebt sie auf,
der trägt sie nach Haus
und der kleine Schlingel isst sie ganz alleine auf.

*Jeden Finger des Kindes nacheinander in die Hand nehmen und strecken –
beim Daumen beginnen und beim kleinen Finger enden.
Erst die eine Hand, dann die andere.*

Fingertanz
Feinmotorik, Gedächtnis, Konzentration, Sprache, ab ca. 6 Monate

■ Zehn Finger haben wir
an beiden Händen hier.
Sie beugen und sie strecken sich,
sie winken ganz freundschaftlich.
Sie legen sich Hand in Hand,
falten sich ganz gewandt.
Nun wollen sie nichts mehr tun,
nur noch im Bettchen ruhn.

*Die Finger spreizen und zählen, beugen und strecken,
mit beiden Händen winken,
beide Hände ineinanderlegen –
und wieder ruhig halten.*

Puppentheater
Feinmotorik, Gedächtnis, Konzentration, Sprache, ab ca. 6 Monate

■ Auf die Finger Fingerpüppchen (aus dem Spielzeugladen) stecken und damit ein Puppentheater spielen. Ist das Kind schon älter (ab etwa 2 ½ Jahre), wird es gern mitspielen.

Die Faust
Koordination, Sinne, Motorik,
ab ca. 6 Monate bis Kindergartenalter

■ Guten Tag Herr Nasemann,
sieh Dir diese Faust mal an:
Sieht wie eine Blume aus.
Doch, ich glaube diese Dinger
sind ja lauter Finger,
mit denen ich Dich kitzeln kann,
Du lieber kleiner Nasemann.

Hand schütteln, Faust machen, Finger strecken und damit wackeln, Kind kitzeln. Das Kind darf dies auch bei Mama machen.

Kitzelspaß
Feinmotorik, Konzentration, ab ca. 10 Monate

■ Mit Fingerchen, mit Fingerchen,
mit der flachen Hand,
mit Fäustchen, mit Fäustchen,
mit der ganzen Hand.

In dieser Art und Reihenfolge sich gegenseitig kitzeln.

Wackelfinger

Feinmotorik, Gedächtnis, Konzentration, Sprache,
ab ca. 1 Jahr

- Fünf Finger wackeln, fünf Finger wackeln.
Einer fällt um, dann sind es nur noch vier …
…. noch drei …
… noch zwei …
… noch einer …
… dann ist keiner mehr da.

Anfangs sind alle Finger ausgestreckt. Jeder Finger der umfällt, wird eingeknickt, bis die Hand am Ende eine Faust ist. Anschließend kommt die andere Hand dran.

Hopsen

Feinmotorik, Gedächtnis, Konzentration, Sprache,
ab ca. 1 Jahr

- Eins, zwei, drei, vier, fünf,
die laufen auf ihr'n Strümpf',
die springen über Gräben
und manchmal auch daneben.
Sie fallen in die Sümpf'
und weg sind alle fünf.

Die Finger einer Hand zählen, damit über das Kind krabbeln, springen, „abrutschen" und aus der Hand eine Faust machen. Dann darf das Kind bei der Mama das Gleiche machen.

Gespensterreigen

Feinmotorik, Gedächtnis, Konzentration, Sprache, ab ca. 1 Jahr

- Fünf Gespenster
hocken vor dem Fenster.
Das erste schreit: Haaaa.
Das zweite schreit: Heeee.
Das dritte schreit: Hiiii.
Das vierte schreit: Hoooo.
Das fünfte schreit: Huuuu.

Erst mit allen Fingern zappeln, dann jeweils nur einen ausstrecken. Mit dem Daumen beginnen.

Huhuuu, ich bin der fröhliche Geist.

Häuschen

Koordination, Sinne, Motorik, ab ca. 1 Jahr

▪ Mein Häuschen ist nicht ganz gerade,
das ist schade.
Mein Häuschen ist ein bisschen krumm,
das ist dumm.
Bläst der starke Wind hinein,
fällt das ganze Häuschen ein.

*Die Handflächen aufeinanderlegen und schräg halten.
Dann die Finger unterschiedlich spreizen. Am Schluss
auf die Hände pusten und auf den Tisch oder Boden patschen.*

Zehn Zappelfinger

Feinmotorik, Konzentration, Sprache, ab ca. 1 Jahr

▪ Zehn kleine Zappelfinger zappeln hin und her,
zehn kleinen Zappelfingern fällt das gar nicht schwer.
Zehn kleine Zappelfinger zappeln auf und nieder,
zehn kleine Zappelfinger tun das immer wieder.
Zehn kleine Zappelfinger zappeln ringsherum,
zehn kleinen Zappelfingern scheint das gar nicht dumm.
Zehn kleine Zappelfinger spielen mal Versteck,
zehn kleine Zappelfinger sind auf einmal weg.
Zehn kleine Zappelfinger kommen zu dir rüber (kitzeln),
zehn kleine Zappelfinger tun das immer wieder.

*Beide Hände hochheben und alle Finger spreizen
und damit zappeln, von Strophe zu Strophe mit
den Fingern mitmachen.*

Drück' an der Stange, dann komme ich heraus gehüpft

Wackelfinger

Koordination, Sinne, Feinmotorik,
ab ca. 1 ½ Jahre

■ Schaut was meine Finger machen,
langsam und geschwind.
Wickel, wickel, wackel, wackel,
das kann doch jedes Kind.
Der erste Finger ist sehr klein
und kann noch nicht alleine sein.
Der zweite Finger wackelt sehr
und holt sich schnell den dritten her.
Der vierte schaut in großer Ruh'
als Zeigefinger allen zu.
Dann kommt der Daumen angesaust:
Ach, lasst mich doch in eure Faust!

Anfangs wackeln alle Finger einer Hand. Dann wird der kleine mit der anderen Hand festgehalten, danach Ring- und Mittelfinger zusammen. Der Zeigefinger bewegt sich noch langsam, dann legen sich alle um den Daumen zur Faust.

Vögel

Koordination, Feinmotorik, ab ca. 2 Jahre

■ Alle meine Fingerlein
wollen heute Vögel sein.
Sie fliegen hoch,
sie fliegen nieder,
sie fliegen fort,
sie kommen wieder.
sie bauen sich im Wald ein Nest
dort schlafen sie dann tief und fest.

Mit beiden Händen die Vogelaktivitäten nachahmen, am Ende auf dem Kopf des anderen landen, erst ein wenig krabbeln und dann sanft übers Haar streichen.

Fingerspiele 43

Bauernhof

Feinmotorik, Gedächtnis, Konzentration, Sprache, ab ca. 2 Jahre

■ Meine braven Fingerlein
dürfen einmal Tierlein sein.
Dieser Daumen ist das Schwein
dick und fett und ganz allein.
Zeigefinger ist der Ziegenbock
mit dem langen Zottelrock.
Mittelfinger ist die große Kuh,
die nur immer schreit muh, muh.
Ringfinger ist ein stolzes Pferd,
wird vom Reiter sehr begehrt.
Dieses kleine Fingerlein
soll das kleine Schäfchen sein.
Tiere laufen im Galopp
immer lustig hopp, hopp, hopp,
laufen in den Stall hinein,
denn es bricht die Nacht herein.

*Die einzelnen Finger immer dann vorzeigen,
wenn sie erwähnt werden. Am Ende beide
Hände auf dem Rücken verschwinden lassen.*

Nachwuchs

Koordination, Sinne, Feinmotorik,
ab ca. 2 Jahre

■ In der Hecke ist ein Ästchen,
bau'n zwei Vögel sich ihr Nestchen.
Legen rein zwei Eierlein,
brüten aus zwei Vögelein.
Diese rufen: piep, piep, piep,
gib uns Körner gib, gib, gib.

*Mit den Händen eine Schale formen,
mit den Daumen wackeln, mit beiden Armen
schwingen, mit Daumen und Zeigefinger
einen Schnabel formen.*

Gewitter

Koordination, Sinne, Motorik,
ab ca. 2 Jahre

■ Bimmel, bammel, bommel,
die Katze schlägt die Trommel
zehn kleine Mäuschen
tanzen in der Reih'
und die ganze Erde donnert
laut dabei.

*Mit beiden Händen klopfen,
mit allen Fingern wackeln,
mit der flachen Hand trommeln.*

Regentanz

Gedächtnis, Geschicklichkeit,
Sprache, ab ca. 2 ½ Jahre

■ Wenn's regnet,
da gehe ich nicht raus!
Wenn's regnet,
da bleibe ich zu Haus!
Wenn's regnet,
da werde ich nass!
Wenn's regnet,
da macht es keinen Spaß!
Ich kann nicht auf
den Sonnenschein warten.
Ich nehme meinen Regenschirm
und gehe in den Garten.

*Bei jedem Satz wackelt ein anderer
Finger, wobei der Daumen beginnt.
Der kleine Finger sagt den letzten Satz.
Dabei wird die andere Hand als
Regenschirm über ihn gehalten.*

Fünf Männlein

Feinmotorik, Gedächtnis, Konzentration, Sprache, ab ca. 2 ½ Jahre

■ Fünf Männlein sind in den Wald gegangen,
wollten gern ein Häslein fangen.
Der erste war so dick wie ein Fass,
der brummte immer:
 Wo ist der Has', wo ist der Has',
der zweite rief:
 Da ist er ja, da ist er ja!
Der dritte, der war der Längste, aber auch der Bängste,
der fing an zu weinen:
Ich seh' ja keinen, ich seh' ja keinen.
Der vierte rief: Das ist mir zu dumm, ich kehr' wieder um.
Und der Kleinste,
wer hätte das gedacht,
der hat den Hasen nach Hause gebracht,
da haben alle laut gelacht,
ha, ha, ha, ha, ha!

Mit Händen und Fingern den Text „illustrieren" (Daumen, Zeigefinger, Mittelfinger bewegen, Ringfinger einklappen, mit dem kleinen Finger wackeln). Zum Schluss krümmen sich alle Finger vor Lachen.

Singen, Tanzen, Ringelreihen

Einfache alte Kinderlieder mag jedes Kind. Man kann sie einfach nur singen, oder, wenn keine Melodie parat, aufsagen. Schon Babys freuen sich, wenn ihnen vorgesungen oder rhythmisch vorgesprochen wird. Alle Kinder lieben jede Art von Rhythmus. Dieser gibt ihnen Sicherheit. Singen und Tanzen fördert die Entwicklung der Sinne – Hören, Gleichgewicht, Rhythmusgefühl, Sprache, Koordination und schließlich auch die Entwicklung des Gehirns.

Zu jedem Lied kann getanzt werden. Erst mit dem Baby auf Mamas Arm, später tanzt das Kind selbst. Viele Lieder bieten sich auch an, den Inhalt pantomimisch nachzuspielen.

Tralalala La – auf zum Tanz

Alle Vögel sind schon da

■ Alle Vögel sind schon da,
alle Vögel alle.

Welch ein Singen, Musizieren,
Pfeifen, Zwitschern, Tirilieren,
Frühling will nun
einmarschier'n,
kommt mit Sang und Schalle.

Wie sie alle lustig sind,
flink und froh sich regen.
Amsel, Drossel, Fink und Star
und die ganze Vogelschar,
wünschen uns ein frohes Jahr,
lauter Heil und Segen.

Zeigt her eure Füßchen

■ Zeigt her eure Füßchen,
zeigt her eure Schuh
und sehet den lustigen
Waschfrauen zu.

... Sie waschen, sie waschen,
den ganzen Tag.
Sie waschen, sie waschen,
den ganzen Tag.

... Sie wringen, sie wringen,
den ganzen Tag. ....
... Sie hängen, sie hängen, ...
... Sie legen, sie legen, ...
... Sie rollen, sie rollen, ...
... Sie bügeln, sie bügeln, ...
... Sie ruhen, sie ruhen, ...
... Sie klatschen, sie klatschen, ...
... Sie tanzen, sie tanzen, ...

Der Kuckuck und der Esel

■ Der Kuckuck und der Esel,
die hatten einen Streit,

wer wohl am besten sänge,
wer wohl am besten sänge,

zur schönen Maienzeit,
zur schönen Maienzeit.

Der Kuckuck sprach, das kann ich,
und fing gleich an zu schrei'n.

Ich aber kann es besser,
ich aber kann es besser,

fiel gleich der Esel ein,
fiel gleich der Esel ein.

Das klang so schön und lieblich,
so schön von nah und fern.

Sie sangen alle beide,
sie sangen alle beide,

kuckuck, kuckuck, i-a, i-a,
kuckuck, kuckuck, i-a.

Put, put, put, ihr Hühnerchen

■ Put, put, put, ihr Hühnerchen,
was habt ihr denn getan?
Was habt ihr denn getan?
Fort seit einer Stunde schon
ist euer lieber Hahn.
Fort seit einer Stunde schon
ist euer lieber Hahn!
Hähnchen ist aufs Dach geflogen,
ins Bodenloch hinein,
ins Bodenloch hinein.
Da schlug der Wind die Türe zu
und er muss gefangen sein.
Da schlug der Wind die Türe zu
und er muss gefangen sein.
Doch nach einer Stunde schon,
ging wieder auf die Tür,
ging wieder auf die Tür.
Put, put, put, ihr Hühnerchen,
nun ist er wieder hier.
Put, put, put, ihr Hühnerchen,
nun ist er wieder hier.

Spannenlanger Hansl, Nudeldicke Dirn

■ Spannenlanger Hansl, Nudeldicke Dirn.
Geh'n wir in den Garten, schütteln wir die Birn.
Schüttle ich die großen, schüttelst du die klein'.
Wenn das Säcklein voll ist, geh'n wir wieder heim.

Lauf doch nicht so närrisch, Spannenlanger Hans.
Ich verlier' die Birnen und die Schuh' noch ganz.
Trägst ja nur die kleinen, Nudeldicke Dirn.
Und ich schlepp' den schweren Sack mit den großen Birn.

Hänschen klein

■ Hänschen klein ging allein
in die weite Welt hinein.
Stock und Hut, steht ihm gut,
ist ganz wohlgemut.
Aber Mutter weinet sehr,
hat ja nun kein Hänschen mehr.
Da besinnt sich das Kind,
eilet heim geschwind.

Horch, was kommt von draußen rein?

■ Horch, was kommt von draußen rein?
Hollahi, hollaho.

Wird wohl mein Feinsliebchen sein,
hollahiaho.
Geht vorbei und schaut nicht rein,
hollahi, hollaho.

Wird's wohl nicht gewesen sein,
hollahiaho.

Bienchen, summ herum

■ Summ, summ, summ,
Bienchen, summ herum.
Ei, wir tun dir nichts zuleide,
flieg nur aus in Wald und Heide.
Summ, summ, summ,
Bienchen, summ herum.

Summ, summ, summ,
Bienchen, summ herum.
Such in Blumen, such in Blümchen
dir ein Tröpfchen, dir ein Krümchen.
Summ, summ, summ,
Bienchen, summ herum.

Summ, summ, summ,
Bienchen, summ herum.
Kehre heim mit reicher Habe,
bau uns manche volle Wabe.
Summ, summ, summ,
Bienchen, summ herum.

Schrupp, schrupp

Gesunde Zähne: Jeden Tag putzen!

Der kleine weiße Zahn

■ Viktoria, Viktoria!
Der kleine weiße Zahn ist da
Du, Mutter, komm,
und groß und klein im Haus,
kommt und guckt hinein
und seht den hellen weißen Schein.
(Matthias Claudius)

Das bucklige Männlein

■ Will ich in mein Gärtlein gehn,
will mein' Zwiebel gießen,
steht ein bucklich Männlein da,
fängt gleich an zu nießen.

Will ich in mein Küchel gehn,
will mein Süpplein kochen,
steht ein bucklich Männlein da,
hat mein Töpflein brochen.

Will ich in mein Stüblein gehn,
will mein Müslein essen,
steht ein bucklich Männlein da,
hat's schon halber gessen.

Will ich auf mein' Boden gehn,
will mein Hölzlein holen,
steht ein bucklich Männlein da,
hat's schon halber g'stohlen.

Will ich in mein' Keller gehn,
will mein Weinlein zapfen,
steht ein bucklich Männlein da,
tut mir'n Krug wegschnappen.

Setz ich mich ans Rädlein hin,
will mein Fädlein drehen,
steht ein bucklich Männlein da,
lässt mir's Rad nicht gehen.

Geh ich in mein Kämmerlein,
will mein Bettlein machen,
steht ein bucklich Männlein da,
fängt gleich an zu lachen.

Will ich an mein Bänklein knien, will ein bisschen beten,
steht ein bucklich Männlein da,
fängt gleich an zu reden.

Liebes Kindlein, ach ich bitt, bet' fürs bucklich Männlein mit.

Fleißige Handwerker

■ Wer will fleißige Handwerker seh'n,
ei, der muss zu uns her geh'n …
… Stein auf Stein, Stein auf Stein,
   das Häuschen wird bald fertig sein.
… Rühre ein, rühre ein,
   der Kuchen wird bald fertig sein.
… Oh wie fein, oh wie fein,
   der Glaser setzt die Scheiben ein.
… Tauchet ein, tauchet ein,
   der Maler streicht die Wände fein.
… Schrumm, schrumm, schrumm,
   schrumm schrumm schrumm,
   der Schlosser dreht den Schlüssel um.
… Tief hinein, tief hinein,
   der Schornstein wird bald sauber sein.
… Zisch, zisch, zisch, zisch, zisch, zisch,
   der Tischler (Schreiner) hobelt glatt den Tisch.
… Poch, poch, poch, poch, poch, poch,
   der Schuster schustert zu das Loch.
… Stich, stich, stich, stich, stich, stich,
   der Schneider näht ein Kleid für mich (dich).
… Hopp, hopp, hopp, hopp, hopp, hopp,
   jetzt tanzen alle im Galopp.
… Trapp, trapp drein, trapp, trapp drein,
   jetzt geh'n wir von der Arbeit heim.

Hmm, lecker Kuchen

Der Handwerker ist gut gerüstet.

Grün, grün, grün, sind alle meine Kleider

■ Grün, grün, grün
sind alle meine Kleider,
grün, grün, grün
ist alles, was ich hab.

Darum lieb ich alles, was so grün ist,
weil mein Schatz ein Jäger, Jäger ist.

Blau, blau, blau
sind alle meine Kleider,
blau, blau, blau ist alles,
was ich hab.

Darum lieb ich alles, was so blau ist,
weil mein Schatz ein Seemann, Seemann ist.

Weiß, weiß, weiß
sind alle meine Kleider,
weiß, weiß, weiß
ist alles, was ich hab.

Darum lieb ich alles, was so weiß ist,
weil mein Schatz ein Bäcker, Bäcker ist.

Schwarz, schwarz, schwarz
sind alle meine Kleider,
schwarz, schwarz, schwarz
ist alles, was ich hab.

Darum lieb ich alles, was so schwarz ist,
weil mein Schatz ein Schornsteinfeger ist.

Bunt, bunt, bunt
sind alle meine Kleider,
bunt, bunt, bunt ist alles,
was ich hab.

Darum lieb ich alles, was so bunt ist,
weil mein Schatz ein Maler, Maler ist.

Heißa Kathreinerle

■ Heißa Kathreinerle,
schnür dir die Schuh,
schürz dir dein Röckele,
gönn dir kein Ruh.
Didel, dudel, dadel,
schrumm, schrumm, schrumm,
s'geht schon der Hopser rum,
heißa Kathreinerle,
frisch immer zu.

Dreh wie ein Rädele,
flink dich im Tanz.
Fliegen die Zöpfele,
wirbelt der Kranz.
Didel, dudel, dadel,
schrumm, schrumm, schrumm,
lustig im Kreis herum,
dreh dich, mein Mädel,
im festlichen Glanz.

Heute heißt's lustig sein,
morgen ist's aus!
Sinket der Lichter Schein,
gehn wir nach Haus.
Didel, dudel, dadel,
schrumm, schrumm, schrumm,
morgen mit viel Gebrumm,
fegt die Frau Wirtin
den Tanzboden aus.

Brüderchen, komm, tanz mit mir!

■ Brüderchen, komm, tanz mit mir!
Beide Hände reich' ich dir.
Einmal hin, einmal her,
rundherum, es ist nicht schwer!
Einmal hin, einmal her,
rundherum, es ist nicht schwer!

Ei, das hast du fein gemacht,
ei, das hätt ich nicht gedacht.
Einmal hin, einmal her …

Mit den Füßchen tapp tapp tapp,
mit den Händchen klapp klapp klapp.
Einmal hin, einmal her …

Mit dem Köpfchen nick nick nick,
mit den Fingerchen tick tick tick.
Einmal hin, einmal her …

Noch einmal das schöne Spiel,
weil es mir so gut gefiel.
Einmal hin, einmal her …

Tanzen macht den Kleinsten schon viel Spaß.

Komm, tanz mit mir!

Ein fröhlicher Geselle, der Bi-Ba-Butzemann mit seinem Säckchen.

Bi-Ba-Butzemann

■ Es tanzt ein Bi-Ba-Butzemann
in unserm Haus herum, fidebum,
es tanzt ein Bi-Ba-Butzemann
in unserm Haus herum.
Er rüttelt sich,
er schüttelt sich,
er wirft sein Säckchen hinter sich.
Es tanzt ein Bi-Ba-Butzemann
in unserm Haus herum.

Suse, liebe Suse

■ Suse, liebe Suse,
was raschelt im Stroh?
Das sind die lieben Gänslein,
die haben kein' Schuh.
Der Schuster hat Leder,
kein Leisten dazu.
Drum kann er den Gänslein
auch machen kein' Schuh!

Suse, liebe Suse,
schlägt's Küchelchen tot!
Es legt mir keine Eier
und frisst mir mein Brot.
Da rupfen wir allen
die Federchen aus
und machen dem Kindlein
sein Bettchen daraus.

Suse, liebe Suse, ist das eine Not!
Wer schenkt mir einen Dreier
für Zucker und Brot?
Verkauf ich mein Bettchen
und leg mich aufs Stroh.
Da sticht mich keine Feder
und beißt mich kein Floh.

Singen, Tanzen, Ringelreihen 57

Fuchs, du hast die Gans gestohlen

■ Fuchs, du hast die Gans gestohlen,
gib sie wieder her, gib sie wieder her!
Sonst wird dich der Jäger holen,
mit dem Schießgewehr!
Sonst wird dich der Jäger holen,
mit dem Schießgewehr!

Seine große lange Flinte
schießt auf dich den Schrot,
schießt auf dich den Schrot.
Dass dich färbt die rote Tinte
und dann bist du tot,
dass dich färbt die rote Tinte
und dann bist du tot.

Liebes Füchslein lass dir raten,
sei doch nur kein Dieb,
sei doch nur kein Dieb.
Nimm, statt mit dem Gänsebraten,
mit der Maus vorlieb,
nimm, statt mit dem Gänsebraten,
mit der Maus vorlieb.

Sommer

■ Trari, trara, der Sommer, der ist da.
Wir gehen in den Garten,
woll'n auf den Sommer warten.
Ja, ja, ja, der Sommer, der ist da.

Trari, trara, der Sommer, der ist da.
Wir wollen zu den Hecken
und woll'n den Sommer wecken.
Ja, ja, ja, der Sommer, der ist da.

Trari, tra ra, der Sommer, der ist da.
Der Sommer hat gewonnen,
der Winter hat verloren.
Ja, ja, ja, der Sommer, der ist da.

Kommt ein Vogel geflogen

- Kommt ein Vogel geflogen,
setzt sich nieder auf mein' Fuß,
hat ein Zettel im Schnabel,
von der Liebsten ein' Gruß.

Lieber Vogel, flieg weiter,
nimm ein' Gruß mit und ein' Kuss,
denn ich kann dich nicht begleiten,
weil ich hier bleiben muss.

Bruder Jakob

- Bruder Jakob, Bruder Jakob,
schläfst du noch? Schläfst du noch?
Hörst du nicht die Glocken?
Hörst du nicht die Glocken?
Ding dang dong, ding dang dong.

Fertig aus dem Spielzeugladen...

oder selbst gebastelt im Kindergarten.

Laternenlieder

▪ Sie sind im Spätherbst von Bedeutung, zu Sankt Martin, wenn es am späten Nachmittag schon dunkel ist und die Kinder zum Laternenumzug gehen.

• Ich gehe mit meiner Laterne
und meine Laterne mit mir.
Dort oben leuchten die Sterne
und unten da leuchten wir.
Mein Licht ist aus,
ich geh nach Haus,
rabimmel, rabammel, rabumm.

• Laterne, Laterne,
Sonne, Mond und Sterne.
Brenne auf mein Licht,
brenne auf mein Licht,
nur meine liebe Laterne nicht.

Laterne, Laterne,
Sonne , Mond und Sterne.
Bleibe hell, mein Licht,
bleibe hell, mein Licht,
sonst strahlt meine liebe Laterne nicht.

• Kommt, wir woll'n Laterne laufen,
zündet eure Kerzen an.
Kommt, wir woll'n Laterne laufen,
Kinder, Frau und Mann.
Kommt, wir woll'n Laterne laufen,
das ist unsere schönste Zeit.
Kommt, wir woll'n Laterne laufen,
alle sind bereit.

• Hell wie Mond und Sterne leuchtet die Laterne
bis in weite Ferne, übers ganze Land.
Jeder soll uns hören, kann sich gern beschweren:
Diese frechen Gören! Das ist allerhand!

Jahreszeitenlieder: Winter

- A, a, a, der Winter der ist da.
Herbst und Sommer sind vergangen,
Winter, der hat angefangen.
A, a, a, der Winter der ist da.
E, e, e, nun gibt es Eis und Schnee.
Blumen blühn an Fensterscheiben,
Flocken froh im Winde treiben.
I, i, i, vergiss die Armen nie.
Womit soll'n sie sich bedecken,
wenn sie Frost und Kälte schrecken?
O, o, o, wie sind die Kinder froh.
Sehen jede Nacht im Traume
sich schon unterm Weihnachtsbaume.
U, u, u, du lieber Winter Du.
Schenkst uns schöne Weihnachtsgaben,
sollst nun unsern Dank auch haben.

Laterne
Laterne

Singen, Tanzen, Ringelreihen

Guten Appetit-Lieder

- Ich bin so hungrig wie ein Bär,
mein Magen knurrt und ist so leer.
Drum wollen wir jetzt essen
und das Danken nicht vergessen
Guten Appetit!

- Bolle, bolle, bolle,
der Tisch ist so volle.
Der Bauch ist so leer,
er brummt wie ein Bär.
Er brummt wie ein Brummer:
Guten Hunger!

- Piep, piep Mäuschen,
bleib in deinem Häuschen.
Wir essen unsren Teller leer,
da bleibt für dich kein Krümel mehr.

Es war einmal
ein Krokodil,
das fraß und fraß
unheimlich viel.
Es schmatzte
und schmatzte,
bis es dann
platzte.

Tanzen und hopsen
Gleichgewicht, Sinne, ab ca. 6 Wochen

■ **Ri-ra-rutsch**
Wir fahren mit der Kutsch',
die Kutsche hat ein Loch,
wir fahren aber doch

Mit dem Kind auf dem Arm durch die Wohnung tanzen oder auf dem Schoß hopsen lassen (gut festhalten)

■ **Der Mann im Brunnen**
Ist ein Mann in Brunnen gfalln,
hab ihn hören plumpsen,
hätt ich ihn nicht rausgeholt,
wäre er ertrunken.

*Das Kind sanft auf den Knien reiten lassen.
Bei „plumpsen" die Beine öffnen, damit es nach unten rutschen kann – natürlich dabei gut festhalten.
Anschließend hochheben und das Spiel beginnt von vorn.*

Musik machen
Gehör, Rhythmusgefühl, ab ca. 10 Monate

Eine leere Waschmittel oder Babynahrungstonne gibt eine wunderbare Trommel ab, wenn das Kind darauf mit Bauklötzen oder Kochlöffeln aus der Küche herumhauen darf. Verschiedene „Trommeln" (aus unterschiedlichen Dosen, Karton- oder Kunststoffgefäßen) machen verschiedene Geräusche. Wunderbar!

Singen, hopsen und tanzen schulen die Sinne

Kniereiterverse

Geschicklichkeit, Reaktion, Muskulatur,
ab ca. 2 Monate (je jünger, umso sanfter müssen die Bewegungen sein)

■ **Hoppe, hoppe Reiter**
Hoppe hoppe Reiter,
wenn er fällt, dann schreit er.
Fällt er in den Teich,
findt ihn keiner gleich.
Fällt er in die Hecken,
fressen ihn die Schnecken,
fressen ihn die Müllermücken,
die ihn vorn und hinten zwicken.
Fällt er in den tiefen Schnee
gefällt's dem Reiter nimmermeh.
Fällt er in den Graben,
fressen ihn die Raben.
Fällt er in den Sumpf,
macht der Reiter plumps.

Das Kind sitzt auf den Knien des Erwachsenen und darf im Rhythmus auf und nieder hopsen.
Bei der letzten Zeile plumpst es nach hinten oder unten.

■ **Reitvergnügen**
So reiten die Damen,
so reiten die Damen.
So reiten die Herren,
so reiten die Herren.
So wackelt der Bauer,
so wackelt der Bauer.

Der Ritt der Damen ist langsam und gemächlich. Bei den Herren wird es dann schon etwas schneller und wilder und beim Bauern schwankt „das Pferd" (Schoß von Mutter oder Vater) heftig von einer Seite zur anderen.

Singen, Tanzen, Ringelreihen 65

■ **Die Dickmadam**
Eine kleine Dickmadam
fuhr mal mit der Eisenbahn.
Eisenbahn, die krachte,
Dickmadam, die lachte,
lachte bis der Schaffner kam
und sie mit zum Schutzmann nahm.

*Im Rhythmus des Textes die ruckelnden Bewegungen
eines Zuges nachahmen. Bei „krachte" mit dem Kind
nach vorn beugen, anschließend wackeln und dabei lachen.*

Singen, Tanzen, Ringelreihen

Musik und Tanz
Sinne, Gleichgewicht, Beweglichkeit,
ab Sitzalter

■ A, B, C, die Katze lief im Schnee.
Und als sie dann nach Hause kam,
da hat sie weiße Stiefel an,
o jemine, o jemine,
die Katze lief im Schnee.

Auf allen Vieren dazu laufen und miauen.

■ Muh, muh, muh,
so ruft im Stall die Kuh.
Sie gibt uns Milch und Butter.
Wir geben ihr das Futter.
Muh, muh, muh,
so ruft im Stall die Kuh.

Mit alten Papprollen (etwa von Toilettenpapier oder Küchentüchern) lässt sich wunderbar dazu trompeten.

■ Vier Beine und zwei Ohren,
zwei Augen kugelrund
und eine spitze Schnauze,
die hat mein kleiner Hund.
Er hat auch scharfe Zähne,
schau ihn nur richtig an,
ganz hinten sitzt das Schwänzchen,
damit er wedeln kann.

Mit dem ganzen Körper mitwackeln und zappeln. Oder mit den Händen das Geschehen zeigen.

■ Alle meine Entchen
Schwimmen auf dem See,
schwimmen auf dem See.
Köpfchen in das Wasser,
Schwänzchen in die Höh'.

Entweder mit Armen und Händen dazu „wedeln". Oder in der Badewanne, im Sommer auch im Baby-Planschbecken mit Kunststoffentchen spielen.

Adieu
Sozialverhalten, Feinmotorik,
ab ca. 10 Monate

■ Mama winkt ihrem Kind zu, es wird begeistert zurückwinken. Dann dreht sich Mama um und begrüßt das Kleine mit „hal-loooo". **Variante:** Mama klatscht einen einfachen Rhythmus mit den Händen. Das Kind wird sofort mitmachen.

Ringelreihen

**Beweglichkeit, Rhythmusgefühl, Sozialkompetenz,
ab ca. 1 ½ Jahre, wenn das Kind laufen kann.**

■ Ringel, ringel, Reihen,
Kinder sind wir dreien (bzw. die tatsächliche Anzahl),
tanzen um den Hollerbusch,
machen alle husch, husch, husch.

Alle nehmen sich an den Händen und tanzen im Kreis herum – einmal nach rechts und dann nach links. Bei „husch, husch, husch" bleiben die Kinder stehen und springen hoch oder gehen in die Hocke.

Verstecken

Feinmotorik, Gedächtnis, Konzentration, Sprache, ab ca. 2 ½ Jahre

■ Meine Hände sind verschwunden,
ich habe keine Hände mehr,
ei, da sind meine Hände ja wieder,
tralalalalalala!

Meine Ohren sind verschwunden,
… Meine Augen sind verschwunden
… Meine Nase ist verschwunden
… Mein Mund, der ist verschwunden
… Meine Haare sind verschwunden

Beim Sprechen der ersten beiden Zeilen die Hände hinter dem Rücken verstecken. Während der dritten Zeile die Hände wieder zeigen und bei tralalalala in die Hände klatschen. Dann jeweils die angesprochenen Körperteile mit den Händen verbergen und anschließend wieder zeigen. Es können noch weitere Verse erfunden werden, etwa mit den einzelnen Fingern oder den Beinen.

Guten Morgen

Koordination, Sinne, Feinmotorik, ab ca. 2 Jahre

Guten Morgen, guten Morgen
wir winken uns zu.
Guten Morgen, guten Morgen,
erst ich und dann Du.
… wir nicken uns zu …
… wir blinzeln uns zu …
… wir lächeln uns zu …

Spiele
für
die Sinne

Schnurtelefon

Hörst du mich?

Eine straff gespannte Schnur kann Töne übertragen.

Sehen, hören, riechen, schmecken, fühlen, balancieren – jeder Mensch nimmt sich und seine Umwelt über seine Sinne wahr. Je besser die Sinne entwickelt sind, umso einfacher ist es für ein Kind später in der Schule zu lernen, aufmerksam zu sein, sich zu konzentrieren. Wie alles andere auch, braucht ein Kind von Anfang an Training für seine Sinne – und das erhält es wie immer im Spiel.

Babys wollen unterhalten werden

Schauen und entdecken
Sinne, Vertrauen, ab Geburt

■ Das schönste „Spielzeug" für ein Baby ist das Gesicht der Mutter. Am besten geht sie ganz nah damit ans Baby heran, immer näher, immer näher. Dann nimmt sie die Händchen des Kleinen und berührt damit ihre Augen, die Nase den Mund. Etwas später (etwa ab drei Monaten) wird das Baby selbst die Ärmchen ausstrecken, wenn Mutters Gesicht in die Nähe kommt.
<u>Varianten:</u> • Dem Baby zublinzeln, freundliche Grimassen schneiden, die Zunge herausstrecken. • Spielzeug vor dem Gesicht des Babys drehen und bewegen. • Rasseln oder Glöckchen erklingen lassen. • Das Baby Geräuschen nachschauen lassen. • Mit dem Baby auf dem Arm durch die Wohnung gehen und ihm alles zeigen und erklären, was es zu sehen gibt. • Lieder vorsingen, Reime aufsagen – das mögen schon die ganz Kleinen.

Grimassen
Sinne, Gehirnentwicklung, ab ca. 2 Wochen

■ Mutters Gesicht geht nahe an das des Babys. Sie lächelt, kräuselt Nase und Mund, kneift die Augen zusammen oder reißt sie weit auf – das Baby wird interessiert zuschauen und versuchen, die Grimassen nachzumachen.

Klangspiele
Gehör, Sehen, ab ca. 2 Wochen

■ Eine Rassel, ein Schlüsselbund, schnippende Finger, raschelndes Papier – mal vor den Augen des Kleinen, mal hinter seinem Kopf, mal daneben, mal näher, mal weiter weg. Ein wunderbares Spiel schon für die Kleinsten. Schaut das Baby hinterher?

Spiele für die Sinne 71

Streichelspiele

**Tastsinn, Vertrauen,
ab ca. 2 Wochen**

■ Ideal beim Wickeln: Die Innenseiten der Händchen sanft kitzeln und streicheln. Auch Bauch, Brust, Hals berühren. Die einzelnen Fingerspitzen und Zehen sanft antupfen. Dabei Koseworte zum Baby sagen oder die Körperteile benennen.
<u>Varianten:</u> • Die Babyhände von außen streicheln. Das Händchen wird sich öffnen. • Mit den Fingern sehr zart über Bauch oder Rücken des Babys „trommeln". • Die Füße des Babys leicht hin und her bewegen. • Leicht auf den Bauch pusten.

Baden ist ein großes Vergnügen.

Geräusche

Hören, Wahrnehmung, ab ca. 2 Wochen

■ Ruhe und Stille braucht das Baby nur zum Schlafen. Ansonsten sind Alltagsgeräusche auch schon für die Kleinsten förderlich; anfangs leiser, später darf es immer lauter werden. Ideal: Möglichst viele unterschiedliche Hör-Sinneseindrücke. Singen (siehe Kapitel 3); mit den Fingern schnippen; den Schlüsselbund scheppern lassen; Papier zerknüllen; mit Kunststofffolie rascheln; mit der Zunge schnalzen; eine Rassel schütteln. Sobald das Kind greifen kann, darf es selbst „Musik" produzieren – etwa mit einem Löffel auf den Tisch klopfen.

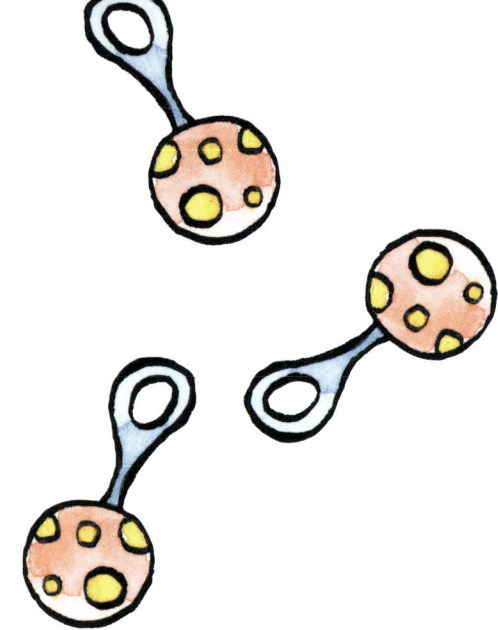

Spannend: ein Mobile

Entdeckungs- reise

Hören, Gleichgewicht, sehen, Vernetzung von Nervenzellen, ab ca. 4 Wochen

■ Mit dem Baby auf dem Arm durch die Wohnung gehen. Immer wieder stehen bleiben, das Baby schauen lassen und erklären: Das ist unser Sofa, das Bücherregal, ein Bild, der Tisch, ein Stuhl, ein Foto …

Massage

Hören, Tastsinn, Vernetzung von Nervenzellen, ab ca. 4 Wochen

■ Leise Entspannungsmusik, eine Spieluhr, singen oder leise sprechen – das ist „Futter" fürs Gehör. Gleichzeitig mit Babyöl sehr sanft massieren: Hände, Arme, Füße, Beine, Bauch, Brust, Rücken, Kopf.

Faszinierendes Versteckspiel

Hören, Sehen, Gehirnentwicklung, ab ca. 3 Monate

■ Das Baby weiß noch nicht, dass etwas auch da sein kann, wenn es nichts davon hört oder sieht. Deshalb ist es immer wieder freudig überrascht und erstaunt, wenn plötzlich mit dem Ausruf „daaaaa" erscheint, was gerade noch versteckt war. Zum Beispiel das Gesicht der Mutter, das hinter einem Tuch hervorkommt, oder der Teddy, oder der Schnuller …

Gespenster

Sehen, Konzentration, ab ca. 3 Monate

■ Im dunklen Zimmer lassen sich vor einer Taschenlampe oder Stehlampe mit den Händen oder mit Papier wunderbar bewegte Gestalten an die Wand zaubern. Bitte schön langsam, damit das Baby allem folgen kann. Dieses Spiel mögen auch ältere Kinder noch sehr gern. Ab Kindergartenalter kreieren sie dann oft schon eigene Gespenster.

Ohren gespitzt

Gehör, Sehen, Sprache, ab ca. 4 Monate

■ Gurren, glucksen, lallen, quietschen, prusten – das Baby produziert die unterschiedlichsten Laute. Und es freut sich sehr, wenn Mama und Papa mitmachen. Das bestätigt es in seinen „Sprachlernbemühungen". Es fühlt sich angenommen und verstanden.

Eltern müssen sich nicht lächerlich fühlen, wenn sie die Babylaute kopieren. Es macht Spaß und ist gut für die Entwicklung des Kleinen.

Anregung für die Augen

Sehen, Gehirnentwicklung, ab ca. 3 Monate

■ Ein Mobile über dem Bett, Fingerspiele (siehe Kapitel 2), Püppchen, Bilderbücher (anfangs aus Stoff) regen den Seh-Sinn an.

Mobile zum Selbermachen: Einfach eine Schnur spannen, ein paar ganz leichte Sachen dran hängen – und fertig.

Knistern

Sinne, Gehirnentwicklung, Konzentration, ab ca. 4 Monate

- Zeitung, Alufolie aus der Küche, Katalogseiten, Seidenpapier, Packpapier – das gibt viele unterschiedliche Geräusche, wenn man sie zusammenknüllt. Das kann vor dem Baby geschehen oder hinter seinem Kopf, damit es dem Geräusch „nachschauen" muss.
Später, wenn das Kind größer ist (ab ca. 1 Jahr), mag es diese Geräusche auch selbst erzeugen.

Zärtlich

Sinne, Vertrauen, ab ca. 6 Monate

- Das Kind aufs Sofa setzen, mit Kissen abstützen, falls es noch nicht alleine sitzt. Mama kniet davor, dass ihr Gesicht auf Höhe des Kindergesichts ist. Dann nimmt sie das Kleine bei den Händchen, zieht es sanft nach vorne und küsst es aufs Näschen oder die Stirn. So lange wiederholen, wie es Sohn oder Tochter Spaß macht.

Tasten

Sinne, Konzentration, Motorik, ab ca. 5 Monate

- Mama sitzt mit gestreckten Beinen auf dem Boden. Das Baby liegt quer und auf dem Bauch über ihren Oberschenkeln. Es soll sowohl den Boden mit den Händen betasten können, wie nach zurechtgelegtem Spielzeug greifen.

Mit Badeschaum lassen sich tolle Spiele machen

Verstecken

Gehirnentwicklung, ab ca. 5 Monate

- Mama hält ein Tuch vor ihr Gesicht, sie ist so fürs Baby weg. Dann lässt sie das Tuch fallen und ist wieder „daaaaa". Dieses Spiel funktioniert auch mit Spielsachen, die versteckt werden und wieder auftauchen.

Spiele für die Sinne

Ausleeren
Konzentration, Geschicklichkeit, Sinne, ab ca. 7 Monate

■ Kleine Eimer mit Bauklötzen, Stoffsäckchen voller Rasseln, Püppchen oder Kuscheltieren, eine Schachtel mit kleinen Spielsachen – das Kind wird diese Behältnisse mit Begeisterung ausleeren. Und: Wenn Mama ihm das zeigt, auch wieder einräumen.

Kleine Mengen, drei bis fünf Teile, sind von Vorteil, damit sich das Kind nicht überfordert fühlt. Die Menge kann mit zunehmendem Alter langsam gesteigert werden.

Wasserprusten
Sinne, Wahrnehmung, ab ca. 8 Monate

■ Das Kind darf mit in die Badewanne. Mama geht so tief, dass der Mund unter Wasser ist. Dann prustet sie los. Das Kind darf dies nachmachen. Vorsicht, dass es kein Wasser schluckt und sich erschreckt.
Auch sehr beliebt in der Badewanne: Mit einem Becher Wasser schöpfen und verschütten, schöpfen und verschütten … immer wieder.

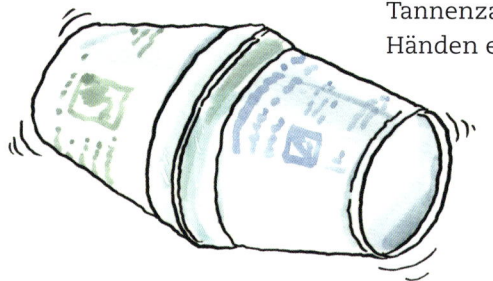

Tastwand

Tastsinn, Gehirnentwicklung, Konzentration, ab ca. 10 Monate

- Ein dünnes Holzbrett, starke Pappe oder eine fertige Pinnwand aus dem Möbel- oder Schreibwarengeschäft (ca. 60 x 40 cm oder größer) eignen sich prima für eine Tastwand. Das heißt, auf das Brett werden unterschiedliche Materialien geklebt – Schwamm, Stoff, Kronkorken, Papier, Moosgummi, Tannenzapfen – die dann vom Kind jederzeit mit den Händen erfühlt werden können.

Ältere Kinder (etwa ab 2 Jahre) können dann oft schon sagen, was sie fühlen. Daraus kann Mama auch ein Ratespiel machen. Sie hängt ein Tuch über die Wand, unter dem das Kind tasten muss. Dann soll es raten, was es ertastet hat.

Schnuppern und schmecken

Geruchs- und Geschmackssinn, ab ca. 10 Monate

- Das Kind schnuppern lassen. Erklären: Das ist Salz, es kommt in die Suppe. So riecht Olivenöl. Das ist eine Banane, die kennst du schon. So riecht der Topflappen – nicht so gut? Das Kind auch schmecken lassen (winzigste Mengen reichen): Zitrone ist sauer! Milch ist mild. Salz – iiiigitt. Schokolade – hmmmm. Teig, Käse, Apfel, Brot, Petersilie ...

Für kleine Kinder sind alle Töne Musik.

Musizieren

Feinmotorik, Sinne, Gehirnentwicklung, ab ca. 1 Jahr

- Pappenrollen in unterschiedlicher Länge produzieren verschiedene Geräusche, wenn das Kind hineinpustet oder hineinruft oder -spricht.
Fest gespannte Gummis oder Stofffäden, über einem Karton oder einem alten Holzkistchen angebracht, kann das Kind mit den Fingern zupfen und damit Töne erzeugen.

Als erste „richtige" Instrumente eignen sich Klangstäbe, ein Glockenspiel oder ein Xylophon.

Spiele für die Sinne 77

Sonne und Regen
Sinne, Wahrnehmung, ab ca. 1 Jahr

- Mama erklärt ihrem Kind die Wetterlage. Das Kind liegt dabei auf dem Bauch, Mama sitzt daneben. Oder das Kind sitzt auf dem Schoß von Mama:
- Heute wird die Sonne scheinen. Dabei legt Mama ihre Hände flach auf den Rücken des Kindes.
- Später kommen kleine Wolken – Mama streicht leicht auf dem Rücken auf und ab, hin und her.
- Manchmal kann es tröpfeln und leicht regnen. Mit den Fingern auf den Rücken tupfen. Erst langsam, dann immer schneller, denn der Regen wird stärker.
- Bei einem Gewitter zucken Blitze (mit den Fingern Blitze auf den Rücken zeichnen) und es grollt der Donner (mit den Fingern schnell den Rücken rauf und runter wandern).
- Nach dem Gewitter kommt die Sonne wieder hinter den Wolken hervor und es wird ein angenehmer Abend: Leicht über den Rücken streichen und schließlich wieder die flachen Hände auflegen.

Dieses Spiel eignet sich auch sehr gut zum Entspannen am Abend vor dem Schlafengehen oder in einer Wartesituation.

Gut geschützt durch den Regen – ein großer Spaß

Sortieren
Geschicklichkeit, geistige Entwicklung, Wahrnehmungsfähigkeit, ab ca. 1 ½ Jahre

- Eine Kiste Bausteine auf den Boden schütten. Das Kind darf sie sortieren. Nach Farben, Größen, Formen. Anfangs nur wenige, später immer mehr.

Das Sortierspiel funktioniert auch mit Autos, Stiften, Wäscheklammern etc.

Musik sehen

Sinne, Gehirnentwicklung,
ab ca. 1 ½ Jahr

■ Insbesondere in Städten sind oft Straßenmusiker zu beobachten. Wundervoll, wenn Mama mit ihrem Sprössling stehen bleibt und zuhört und zusieht, solange das Kind Spaß daran hat. Auch an anderen Orten gibt es Musik zum Sehen: Volksfest, Kurort etwa. Ein „richtiges" Konzert ist für das Kind jetzt noch nicht geeignet. So lange möchte es nicht stillsitzen.

Bahnhof

Sinne, Gehirnentwicklung, Aufmerksamkeit,
ab ca. 1 ½ Jahre bis Kindergartenalter

■ Alles, was sich bewegt und verändert, fasziniert kleine Kinder: Ein Besuch am Bahnhof wo Züge ein und ausfahren; auf einer Brücke stehen, unter der eine S-Bahn oder ein Zug durchfährt (mit etwas Glück winken sogar die Fahrer); an einer Schiffsschleuse oder einer Anlegestelle den Schiffen zusehen; eine Baustelle beobachten; der Müllabfuhr zusehen.

Schau genau

Geistige Entwicklung, Wahrnehmungsfähigkeit, Sinne, ab ca. 1 ½ Jahre

■ Mama nimmt ein Spielzeug und legt es irgendwo im Zimmer hin (je jünger das Kind ist, um so wichtiger ist, dass es zusehen darf). Dann fragt sie: Wo ist der Ball (das Auto, der Baustein, der Teddy, die Puppe)? Das Kind muss es finden und wird dafür gelobt. Größere Kinder (etwa ab 2 Jahren) finden Spielzeug auch, wenn es (einfach) versteckt ist. Zum Beispiel hinter einem Kissen oder unter dem Stuhl. Ist das Kind bereits ein guter Finder, kann es auch raten: Mama hält ein Spielzeug (ein Stück Geschirr, ein Kleidungsstück …) kurz hoch, lässt es gleich wieder verschwinden und fragt, „was ist das"?

Körperbild

Tastsinn, Wahrnehmung,
ab ca. 1 ½ Jahre

■ Das Kind darf seine Finger oder die ganzen Hände in Fingerfarben tauchen und damit den eigenen Körper bemalen. Idealerweise im Badezimmer oder im Sommer auf Balkon, Terrasse oder im Garten. Vom fertigen Körperbild kann man ein Foto machen. Viel Spaß gibt es auch im Anschluss beim Einseifen und Duschen.

Traumreisen

Fantasie, Entspannung, Vorstellungskraft, Hören,
ab ca. 2 Jahre

■ Mama erzählt dem Kind eine Geschichte übers Reisen. Das kann eine tatsächlich erlebte Reise fürs Kind sein, nach dem Motto, weißt du noch, als wir im Sommer am Meer waren. Es kann aber auch eine fiktive Reise sein, die sich beide wünschen. Das Kind darf alle Ideen einbringen, die ihm dazu einfallen. Als Varianten sind auch Geschichten zu allen anderen Themen möglich, die das Kind interessieren. Sehr gerne mögen die meisten Kinder Geschichten über sich selbst, z. B. den Ablauf des vergangenen Tages. Da können sie gut korrigierend eingreifen, falls Mama etwas Falsches erzählt oder eine wichtige Begebenheit auslässt.

Die Geschichten-Spiele eignen sich besonders gut, wenn sich das Kind beruhigen oder bald einschlafen soll. Sie vertreiben aber auch Wartezeit oder machen langweilige Auto- oder Bahnfahrten spannender.

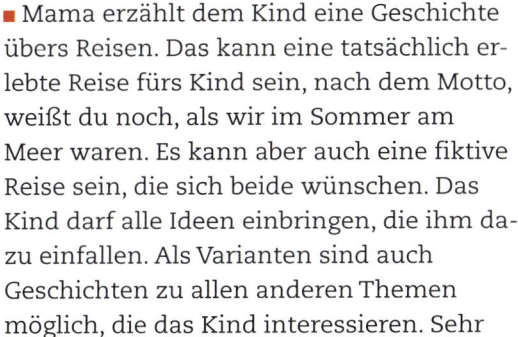

Heute sehen die Wolken aus wie Schäfchen.

Wolkentiere

Sehen, Konzentration, Phantasie, Kreativität, ab ca. 2 Jahre

■ Mama und Kind liegen im Liegestuhl im Garten oder auf einer Decke auf einer Wiese und schauen in den Himmel. Dort sehen sie Wolken und stellen sich vor, was die Gebilde zeigen – Hunde, Elefanten, Vögel, Bäume, Häuser, Auto? Der Fantasie sind keine Grenzen gesetzt.

Memory

Abstraktion, Wahrnehmungsfähigkeit, Gedächtnis, ab ca. 2 Jahre

■ Mama nimmt fünf oder sechs Dinge in jeweils doppelter Ausführung – etwa zwei blaue Bauklötze, zwei Kaffeelöffel, zwei gleiche Wäscheklammern, zwei gleiche Buntstifte, zwei Radiergummi. Diese Sachen werden auf Tisch oder Boden durcheinander gebracht. Mama nimmt jeweils eines hoch, Sohn oder Tochter soll das Pendant dazu finden.

Bauchballett

Konzentration, Körperwahrnehmung, Sinne, ab ca. 2 Jahre

■ Mama und Kind liegen nebeneinander auf dem Rücken. Mama zeigt dem Kind, wie es seinen Bauch „tanzen" lassen kann. Es muss nur tief einatmen, dann kommt der Bauch hoch. Beim Ausatmen sinkt er wieder zurück.
Varianten: • Auf dem Bauch sitzt ein kleines Kuscheltier, das die Bewegungen mitmacht (und verstärkt). • Mama empfiehlt dem Kind, einmal ganz schnell zu atmen, so als ob es gerade gelaufen wäre. Danach wieder ganz langsam. • Nach jedem Spielabschnitt darf das Kind berichten, was es gemacht hat und wie es sich dabei gefühlt hat.

Sinnesrätsel

Alle Sinne, ab ca. 2 Jahre

■ Schnupperrätsel für den Geruchssinn: etwas Wohlriechendes (Apfel, Orange, Keks, Schokolade, Seife etc.) in ein Säckchen geben und das Kind daran schnuppern lassen. Was ist es?
■ Für den Hörsinn: zwei Kaffeelöffel, die aufeinanderschlagen; ein hölzerner Kochlöffel, der auf einen Topf trommelt; Reiskörner, die in ein Glas rieseln usw. Was klirrt, scheppert, klingelt, kracht da?
■ Für den Tastsinn: Mit geschlossenen Augen soll das Kind Dinge ertasten wie Küchentuch, Teller, Erbsen, Brötchen, Zucker, Nudeln etc.

Hmmm, das duftet

Riechen, Wahrnehmungsfähigkeit, Aufmerksamkeit, ab ca. 2 Jahre

■ Bei Kindern ist der Geruchssinn besonders intensiv ausgeprägt. Deshalb machen Riechspiele großen Spaß:
■ Das Kind soll die Augen schließen und am Geruch erraten, was ihm Mama vor die Nase hält. Etwa eine Banane, einen Apfel, eine Ledertasche, Seife. Natürlich sollte das Kind die Dinge kennen, die es da erschnuppern muss.
■ Im Wald, auf der Wiese, im Garten gibt es sehr viele verschiedene Gerüche: Blüten, Blätter (zerrieben riechen sie wieder anders und meist sehr viel intensiver), Hölzchen, Erde, Gras. Sicherlich wird das Kind bei einigem auch igitt sagen und finden, dass es stinkt.
■ Ein Besuch im Blumenladen kann ein Fest für den Riechsinn sein. Mama darf ihr Kind ruhig an den verschiedenen Blüten schnuppern lassen – und dann die Blumen kaufen, die für das Kleine am besten riechen.
■ Ein Stadtbummel (ca. ab 3 Jahre) kann dem Kind zeigen, wie unterschiedlich Geschäfte riechen. Eine Reinigung riecht eher streng, ein Kaffeegeschäft fürs Kind vermutlich auch, dafür riecht es für die Mutter angenehm. Beim Bäcker oder Konditor duftet es hingegen sicher auch fürs Kind himmlisch.
■ Mama macht das Kind darauf aufmerksam, wie es bei bestimmten Wetterlagen riecht. Im Winter bei Schnee riecht es anders als im Sommer bei Hitze. Regentage riechen anders als trockene. Im Frühling riecht es anders als im Herbst.

Lichtspiele

Sehen, Wahrnehmungsfähigkeit, geistige Entwicklung, ab ca. 2 Jahre

■ Dass Licht auch bunt sein kann, müssen Kinder erst lernen. Ganz einfach geht es zum Beispiel mit einem Sonnenprisma (Acryl, Spielwarenhandel). Auch ein Kaleidoskop (ab 3 Jahre) oder ein Schlüsselanhänger „Prisma" für Kinder (Spielzeugladen) zaubern aus einfachem Licht bunte Strahlen. Wer einen Garten hat, kann sogar seinen eigenen Regenbogen fabrizieren: An einem Sonnentag mit dem Rücken zur Sonne stehen und in hohem Bogen Wasser aus dem Gartenschlauch spritzen lassen.

Was klingt denn da?

Hören, Wahrnehmungsfähigkeit, Aufmerksamkeit, ab ca. 2 Jahre

■ Das Kind schließt die Augen und soll durch genaues Hinhören erraten, mit welchen Dingen Mama Geräusche macht: Zwei Steine, die aufeinandergeklopft werden; ein Löffel, der an die Tasse klappert; zwei Tannenzapfen werden aneinander gerieben; ein Stöckchen wird auseinandergebrochen.

Das Kind darf vorher die Dinge sehen, mit denen Mama Geräusche machen will.

Bodenbild

Sinne, Kreativität, Phantasie, ab ca. 2 Jahre

■ Im Sandkasten auf dem Spielplatz, auf einem wenig bewachsenen Bodenstück im Wald, am Strand in den Ferien lassen sich wunderbare Bodenbilder kreieren. Mit einem Stock wird der Rahmen „gemalt". Dann kommen da hinein Steinchen, Blätter, Stöckchen, kleine Muscheln (am Strand). Die Schätze werden so angeordnet, dass ein interessantes Bild entsteht. Davon kann Mama dann ein Foto machen.

Spiele für die Sinne **83**

Das schmeckt!
Schmecken, Wahrnehmungsfähigkeit, Aufmerksamkeit, ab ca. 2 ½ Jahre

■ Mama bietet einen Apfel, eine Banane, eine Karotte in unterschiedlicher Form an. Ein kleines Stück wird gerieben, ein anderes zerdrückt, eines wird gegessen wie es eben ist. Dann probieren Mama und Kind wie unterschiedlich eine Banane, ein Apfel schmecken kann.
<u>Varianten:</u> • Rohe und gekochte Speisen zum Vergleich.
• An der Zitrone lecken. • Verschiedene Brotsorten. • Brot und Toast.

Fühlen und tasten
Tastsinn, Gleichgewicht, Konzentration, ab ca. 2 ½ Jahre

■ Wer einen Garten hat, kann einen besonderen Barfußpfad anlegen: Ein Weg aus unterschiedlichen Materialien wie Steinplatten, Kiesel, Moos, Tannennadeln, Sand, Zweigen. Die ganze Familie geht barfuß darüber und stellt genau fest, wie sich das an den Füßen anfühlt (in vielen Orten gibt es auch öffentliche Barfußpfade, im Internet zu finden).
■ Mama „malt" mit dem Finger dem Kind etwas auf den Rücken (je jünger, desto einfacher, etwa Kreis, Kreuz, Dreieck). Das Kind muss erfühlen was es ist. Dann darf das Kind Mama „bemalen".

Sachen suchen

Sehen, Wahrnehmungsfähigkeit, Aufmerksamkeit, ab ca. 2 ½ Jahre

■ Kinder finden Spaziergänge gleich viel spannender, wenn sie dabei Sachen suchen und mitnehmen dürfen. Stöckchen, Steinchen, Blätter, Federn, Eicheln, Kastanien. Am besten hat Mama ein Körbchen oder eine Tasche dabei, worin die schönen Dinge nach Hause gebracht werden. Dort kann man sie in einem Setzkasten aufbewahren oder auf Karton kleben und als Kunstwerk an die Wand machen.

Sachen-such-Spaziergänge lassen sich in den verschiedenen Jahreszeiten auch unter bestimmten Themen machen (ab ca. 3 Jahre, etwa heute nur Blätter, heute nur Steinchen, heute nur Früchte wie Kastanien).

Perspektive

Sinne, Gehirnentwicklung, ab ca. 2 ½ Jahre

■ Fast alle Kinder mögen es, wenn sie von oben herab auf die Welt schauen können. Da sieht plötzlich alles ganz anders aus. Autos, Menschen, Schaufenster, Busse – Mama und Kind unterhalten sich über das, was sie sehen. Der Besuch eines Turms, der Blick aus den oberen Etagen eines Hochhauses, ein Hochsitz im Wald, eine Brücke über einen Fluss, ein Kirchturm oder die Fahrt mit einem Riesenrad eröffnet völlig neue Blickwinkel.

Spiele für die Sinne 85

Stille hören

Hören, Wahrnehmungsfähigkeit, Aufmerksamkeit, ab ca. 2 ½ Jahre

■ In Großstädten gibt es vielfach einen „Raum der Stille". In Kirchen ist es ebenfalls deutlich ruhiger als auf der Straße. Auf dem Land und in kleineren Gemeinden wird es im Wald ruhiger oder einfach außerhalb des Dorfes. Mama und Kind achten gemeinsam auf die Geräusche, die sie in der Stille hören und beschreiben sich diese gegenseitig (es hat geknackt, es klingt wie sanfter Wind, ich höre meinen eigenen Atem, in meinem Bauch hat es gegrummelt, ein Vogel zwitschert, eine Fliege summt).

Kling, kling — das ist doch Musik?

Fühlen und zählen

Tastsinn, Wahrnehmung, ab ca. 2 ½ Jahre

■ Das Kind liegt in Badehose oder nackt auf dem Bauch. Mama legt ihm sacht nacheinander zwei bis drei Kastanien (oder anderes kleines Spielzeug) auf den Rücken. Nun soll es erfühlen, wie viele Dinge auf seinem Rücken liegen.

Entdecker

Sehen, Konzentration, ab ca. 2 ½ Jahre

■ Ein Spaziergang kann auch durch ein anderes Such- und Sehspiel interessant gemacht werden. Das Kind bekommt Aufgaben wie: Wir suchen einen schwarzen Hund oder einen Mann mit Hut oder eine Frau mit Fahrrad oder ein Kind mit Dreirad oder ein blaues Auto – Leute und Dinge eben, die bei diesem Spaziergang (oder Gang zum Einkaufen) tatsächlich auftauchen können.

Soll ich loslassen?

Kräftige Puste

Körperwahrnehmung, Konzentration,
ab ca. 2 ½ Jahre

■ Mama pustet mit ihrem Kind um die Wette: Wer kann eine Feder, einen Luftballon oder ein dünnes Blatt Papier länger in der Luft halten? Das ist gar nicht so einfach, denn der Atem muss dafür bewusst eingesetzt werden und die Ausatmung möglichst lange durchgehalten. Für gelungene Übungen gibt es ein Lob oder eine kleine Belohnung.

Geräusche raten

Konzentration, Hören, Gedächtnis,
ab ca. 3 Jahre

■ Mama hat unterschiedliche Geräusche aufgenommen und dazu Bilder aus Katalogen ausgeschnitten und auf Karton geklebt. Z. B. ein Stuhl wird gerückt, in eine Pfeife geblasen, auf dem Klavier eine kleine Melodie gespielt, Wasser läuft, ein Gong ertönt.

Das Kind hört das Geräusch und muss aus dem Kartenstapel das passende Bild dazu finden.

Versteinern

Körperwahrnehmung, Aufmerksamkeit, Konzentration,
ab ca. 3 Jahre

■ Mama ist ein Zauberer mit einem Zauberstab. Sie kann das Kind „versteinern" lassen. Das heißt, sobald der Zauberer mit seinem Stab einen Körperteil (Arm, Bein, Hand, Rücken, Po, Bauch) des Kindes berührt, spannt sich dieser an, ist also versteinert. Nach wenigen Sekunden wird der Zauber wieder aufgehoben, der versteinerte Körperteil entspannt sich wieder.

Zur Abwechslung darf auch das Kind mal der Zauberer sein und Mama versteinern lassen.

Spiele für die Sinne **87**

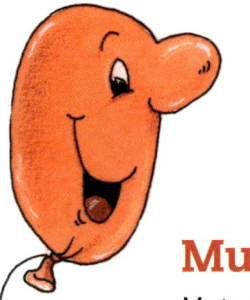

Muskelspiele
Motorik, Wahrnehmung, Sinne,
ab ca. 3 Jahre

■ Das Kind ist ein Sportler und hört auf die Kommandos von Mama oder Papa: Zeige deine Muskeln (Fäuste machen und Arme anspannen) und lass' sie wieder los (alles wieder locker lassen). Schau nach dem Startpunkt aus (Nase rümpfen, Augen kneifen). Gesehen? Dann ist alles gut (Gesicht wieder entspannen). Gleich kommt der Wettlauf – Bauch und Po werden angespannt. Nein, es dauert noch (lockern). Nun wird es ernst. Für den Lauf müssen die Beine und Füße angespannt werden. Entweder das Kind läuft jetzt wirklich ein paar Meter oder es trippelt auf dem Platz, oder es spielt nur, dass es gelaufen ist und lässt die Beine wieder locker.

Storchenprinz und Schmusekater
Gleichgewicht, Körpergefühl, Konzentration, Beweglichkeit,
ab ca. 3 Jahre

■ Der Storchenprinz schreitet mit hoch erhobenem Haupt: Hinstellen, die Arme nach der Seite ausbreiten, ein Bein hochziehen, so weit es geht. Dann dieses Bein ausstrecken und einen großen Schritt machen. Danach mit dem anderen Bein. Gar nicht so einfach dieses Storchenspiel.
Da hat es der Schmusekater schon leichter. Er geht in den Vierfüßlerstand, atmet aus (pfffff) und macht dabei einen großen, runden Katzenbuckel, Dann atmet er wieder ein und lässt den Buckel sinken, schaut nach oben, ob vielleicht ein Vöglein auf dem Baum sitzt. Dann wieder nach oben, dann nach unten. Wenn er keine Lust mehr hat, reckt und streckt sich der Kater nach Herzenslust – die Arme, die Beine, den ganzen Körper.

Ich bin ein

Cowboy

Rollenspiele sind für die Entwicklung äußerst wichtig. Die Kleinen setzen sich auf diese Weise mit ihrer und der Welt der Erwachsenen auseinander. Sie lernen eigene Gefühle und die anderer wahrzunehmen, üben Rücksicht und Einfühlungsvermögen. Das Sozialverhalten wird entwickelt. Die Fantasie wird angeregt und die Sprachentwicklung gefördert. Schließlich kann ein Kind im Rollenspiel eigene Erlebnisse und Ängste verarbeiten oder Erfahrungen wiedergeben.

Wir sind gute Freunde.

Vögelchen
Motorik, Sinne, ab ca. 4 Monate

■ Mama symbolisiert mit ihrer Hand einen fliegenden Vogel, lässt ihn aufs Baby zufliegen und schließlich mit einem fröhlichen „daaaaaa" auf seinem Bauch, seiner Hand, seinem Kopf landen. Bald wird das Kleine selbst „daaaa" rufen.

Hund, Katze, Ente
Motorik, Sinne, Aufmerksamkeit, ab ca. 8 Monate

■ Krabbeln Sie mit Ihrem Baby durch die Wohnung und sagen Sie dabei „wau-wau" und „miau-miau", „quak-quak" oder „piep-piep", je nachdem, welche Tiere das Kleine schon kennt. Stupsen Sie das Kind sanft mit Ihrem Kopf an oder legen Sie die „Pfote" auf seine Schulter oder seinen Bauch. Dann krabbeln Sie schnell wieder weg, das Baby hinterher. Danach lassen Sie Ihr Kind vorauskrabbeln und verfolgen es durch den Raum.

Beim Kinderarzt
Selbstbewusstsein, Angstabwehr, ab ca. 1 Jahr

■ Es tut schon mal weh, beim Kinderarzt, z. B. die Spritze für die Impfung. Damit keine Panik zurückbleibt, darf das Kind zu Hause ausgiebig Arzt spielen. Es stellt den Besuch genau nach, ist mal selbst der Arzt, mal der Patient. Ein Arztkoffer aus dem Spielzeugladen hilft beim Abhören, in die Ohren schauen, Abklopfen, Verbinden und so weiter.

Kochen

Motorik, Selbstbewusstsein, ab ca. 1 ½ Jahre

- Schon die ganz kleinen „backen" im Sandkasten Kuchen. Zu Hause können sie mit ein wenig Geschirr (aus der Küche oder als Spielzeug) ihre eigene Küche betreiben: Töpfe auf den Herd stellen, mit Gemüse füllen, Salat auf den Teller legen, Kakao anrühren, Brote streichen. Ist das Menü fertig, kommen Papa und Mama zum Essen (falls sie nicht vorher schon beim Kochen geholfen haben).

Mama – Papa

Sozialverhalten, Angstabwehr, Selbstvertrauen, ab ca. 2 Jahre

- Jetzt bin ich die Mama und du bist das Kind – dieses Spiel sollten Erwachsene unbedingt mitmachen und aufmerksam zuhören. Denn die Art, wie Sohn oder Tochter mit „ihrem" Kind umgehen, sagt viel darüber aus, wie es sich fühlt. Schreit es gleich, falls etwas nicht sofort klappt? Ist es liebevoll und geduldig? Hetzt es den anderen (so mach doch endlich!!)? In welchem Ton spricht es mit dem Kind? Mama kann „als Kind" sanfte Anregungen geben (aber nicht das Spiel bestimmen). „Warte doch auf mich. Ich kann nicht schneller". „Nicht so laut, das erschreckt mich". „Komm, wir helfen zusammen, dann klappt es besser".

Essen gehen

Selbständigkeit, Geschicklichkeit, Feinmotorik, Sinne, ab ca. 2 Jahre

- **Variante 1:** Das Kind spielt den Gast, sucht sich das Lokal aus, setzt sich an den Tisch, bestellt etwas aus der Karte, zahlt am Ende.
- **Variante 2:** Das Kind spielt die Kellnerin, bringt dem Gast (Mama, Papa, anderes Kind) die Karte, fragt nach seinen Wünschen, serviert Essen und Getränke, kassiert zum Schluss.

Es lohnt sich, dieses Spiel zusammen mit dem Kind etwas vorzubereiten. Etwa, eine Speisekarte malen, Spielgeld in einen Beutel geben, Spielgeschirr zurecht stellen.

Prinzessin und Cowboy

Selbstwertgefühl, Sozialverhalten, ab ca. 2 Jahre

■ Ab dem zweiten Lebensjahr entdecken Kinder, dass es zwei Geschlechter gibt und ordnen sich selbst ein. Kleine Mädchen ziehen dann häufig gern Mamas Schuhe an oder verkleiden sich als Prinzessin. Jungs spielen oft lieber wilde Rollen wie Cowboy, Bauarbeiter oder Pirat. Es kommt aber durchaus vor, dass es umgekehrt ist, dass die Tochter die wilde und der Sohn der sanfte sein will. Am besten spielen Eltern dieses Spiel nach den „Vorgaben" des Kindes mit.

Super-Riese

Selbstbewusstsein, Durchsetzungsvermögen, Sozialverhalten, ab ca. 2 Jahre

■ Mutter oder Vater setzen sich das Kind auf die Schultern. Dann (oder schon vorher) wird dem Kind ein langer Mantel von Mutter oder Vater angezogen und zugeknöpft. Für den „tragenden" Elternteil muss unbedingt ein Sehschlitz offen bleiben. Ein „fürchterlicher" Riese ist so entstanden, der nun vor dem großen Spiegel im Schlafzimmer hin und her geht (damit das Kind den Riesen auch gut sehen kann) und eine Geschichte aus seinem Riesenleben erzählt.
Es kann auch ein lieber Riese sein, der Schwächeren und Kleinen hilft. Oder einer, der sich um Tiere kümmert. Oder einer, der in der Stadt etwas verändert. Das Kind darf bestimmen. Oft kommen dabei seine eigenen, bisher verborgenen Wünsche zum Vorschein.

Kapitän

Motorik, Aufmerksamkeit, Sinne, ab ca. 2 Jahre

■ Eine Decke am Boden oder ein umgedrehter Stuhl ist das Schiff, ein Kissen der Kapitänsstuhl. Darauf sitzt das Kind und muss nun die „Geräte bedienen", damit das Schiff fährt: Hebel hoch und runter, Knöpfe drücken, an einer Kurbel drehen, das Steuerrad bewegen, auf den Radarschirm schauen und über Mikrofon mit der Hafenbehörde oder anderen Kapitänen auf dem Wasser sprechen.
Variante für größere Kinder (ab ca. 3 Jahre): Sind mehrere Kinder da, kann eines den Kapitän spielen, der eine Fähre oder ein Kreuzfahrtschiff lenkt, die anderen sind die Fahrgäste. Nach und nach darf jedes Kind einmal der Kapitän sein.

Ich bin ein Cowboy 93

Klempner
Selbstbewusstsein, Geschicklichkeit, Feinmotorik, Sinne, ab ca. 2 Jahre

■ Das Kind packt in eine Tasche oder Kiste „Werkzeug", die es als Klempner braucht, um etwa eine Toilette zu reparieren oder ein neues Waschbecken anzubauen oder einen Heißwasserboiler zu installieren. Das kann einfaches Spielzeug sein, das in der Phantasie umfunktioniert wird, etwa zum Schraubenschlüssel, zur Wasserwaage, zum Schraubendreher, zur Rohrzange, usw. Dann klingelt der Klempner an der Tür, wünscht einen guten Tag und erklärt, was er jetzt tun will.
<u>Varianten:</u> • Der Klempner kann auch die Waschbecken überprüfen, • nachschauen, ob ein Wasserhahn tropft, ob der Stopfen dicht ist, ob der Abfluss in Ordnung ist, • die Toilette spülen lassen, • Badewanne, Dusche testen.

Taxifahrer
Aufmerksamkeit, Sozialverhalten, Gehirnentwicklung, ab ca. 2 ½ Jahre

■ Vier Stühle oder Kissen bilden das Taxi. Der Fahrer (das Kind) sitzt links vorne. Mama (oder ein anderes Kind) ist Fahrgast und steigt rechts oder hinten ein. Der Fahrer fragt freundlich „wohin möchten Sie denn"? Der Gast nennt das Ziel. Der Taxifahrer stellt die Uhr ein und fährt los. Links herum, rechts herum. Der Fahrgast sagt: „Oh, Sie kennen sich aber gut aus. Das ist ja ein ganz kurzer Weg!" Dann hält das Taxi. „Macht 12 Euro fünfzig", sagt der Fahrer. Fahrgast reicht ihm das Geld (Spielgeld) und legt noch ein wenig Trinkgeld drauf. „Bitte sehr, nehmen sie 14 Euro." Der Fahrer bedankt sich, Fahrgast steigt aus, Auto fährt weiter oder bleibt stehen, um auf einen neuen Fahrgast zu warten.

Was alles passiert
Sprache, geistige Entwicklung, Gedächtnis, ab ca. 2 ½ Jahre

■ Entweder Mama oder Papa erzählen ihrem Kind, was so vorgeht und lassen es dann nacherzählen. Oder sie erleben es gemeinsam mit dem Kind und fragen dann. Was passiert auf dem Bauernhof? Im Schwimmbad? Im Kindergarten? Auf der Baustelle? Auf dem Bahnhof? Im Zoo? Beim Frisör? Im Theater? Bei der Bank?

Daraus lassen sich wunderschöne Erzählgeschichten machen, die lange Wartezeiten oder eine langweilige Autofahrt schneller vergehen lassen. Man kann jede Geschichte auch als Rollenspiel ins Repertoire aufnehmen.

Gärtner

Kreativität, Aufmerksamkeit, Motorik,
ab ca. 2 ½ Jahre

■ Hat der Maurer sein Haus fertig gebaut, kommt der Gärtner, um einen hübschen Garten anzulegen. Blumen werden gesät, Bäume gepflanzt, Salat und Gemüse angebaut. Ein Tisch und Stühle aufgestellt, außerdem eine Schaukel, ein Sandkasten und eine Rutsche für die Kinder. Das kann alles im Kinderzimmer mit Spielzeug gemacht werden.

Wer tatsächlich einen Garten hat, macht seinem Kind sicher ein große Freude, wenn er ihm eine Ecke zur Verfügung stellt, wo es (anfangs unter Anleitung) selbständig pflanzen darf.

Feuerwehr

Selbständigkeit, Sozialverhalten,
ab ca. 2 ½ Jahre

■ Hilfe, es brennt! Oder ein schwerer Unfall ist passiert. Da kommt die Feuerwehr mit Tatü Tata und hilft sofort. Löscht die Flammen, holt Verletzte aus den Trümmern, verhindert, dass beim Unfall etwas explodiert und räumt schließlich den Katastrophenort wieder sauber auf. Als Varianten kann das Kind auch Polizei oder Rettungsdienst spielen. Oder alle drei gleichzeitig.

Insbesondere Stadtkinder sind schon frühzeitig mit den Rettungsdiensten vertraut, da sie die Sirenen häufig hören. Eine besondere Freude für das Kind ist es, wenn es sich als Feuerwehrmann, Polizist oder Retter verkleiden darf. Fertige „Uniformen" gibt es im Spielwarenhandel.

Rennfahrer

Einfühlungsvermögen, Motorik, Aufmerksamkeit, ab ca. 2 ½ Jahre

■ Das Kind ist selbst der Rennfahrer, sitzt dafür auf einem Stuhl oder Kissen. Es schaltet, dreht am Steuerrad, legt sich in die Kurven, fährt an die Boxen zum Reifenwechsel. Und schließlich mit erhobener Hand durchs Ziel.
<u>Variante:</u> Das Kind fährt Rennen mit seinen Spielzeugautos. Da macht es natürlich besonderen Spaß, wenn Mama, Papa oder ein anderes Kind als Konkurrenten mitspielen.

Busfahrer

Geschicklichkeit, Wahrnehmungsfähigkeit, geistige Entwicklung, ab ca. 2 ½ Jahre

■ Wer Menschen durch die Stadt transportiert, hat viel zu tun: Fahrkarten verkaufen, den Fahrgästen Auskunft geben, nachschauen, wo einer umsteigen muss. Schließlich muss er auch den Bus oder die Straßenbahn lenken – Gas geben, schalten, am Lenker drehen, verschiedene Knöpfe und Schalter betätigen.

Als Bus oder Straßenbahn eignen sich hintereinandergelegte Kissen auf dem Boden oder hintereinander aufgestellte Stühle. Das Kind kann mal der Fahrer sein, mal den Fahrgast spielen.

Kaufmann

Wahrnehmungsfähigkeit, geistige Entwicklung, Sprache, ab ca. 2 ½ Jahre

■ Ein Tisch oder Stuhl wird zum Laden umfunktioniert. Das Kind verkauft die unterschiedlichsten Sachen. Es kann sich selbst welche ausdenken, oder gemeinsam mit der Mutter besprechen, was es für ein Kaufmann sein will: Ein Eisladen? Ein Supermarkt mit Lebensmitteln? Ein Geschäft, das Kleidung verkauft? Ein Spielzeugladen? Ein Kaufhaus, in dem es alles gibt? Jedenfalls geht es auch um Geld, denn die Ware muss bezahlt werden.
Zur Abwechslung kann auch das Kind mal den Kunden spielen und Mama mimt den Verkäufer.

Die Waren müssen bei diesem Spiel nicht echt sein. Kinder funktionieren mit ihrer Fantasie auch Bauklötzchen in Passendes um, nehmen ein Sandeimerchen als Einkaufstasche und eine x-beliebige Schachtel als Kasse. Es wird auch mit Spielgeld bezahlt.

Ich schiebe mein Baby selbst!

Maurer
Kreativität, Aufmerksamkeit, Motorik, ab ca. 2 ½ Jahre

■ Hausbau ist angesagt. Das Kind ist der Maurer, der die Wände hochzieht. Dafür nimmt es seine Bauklötzchen und stapelt diese aufeinander. Spielerisch und imaginär wird auch Mörtel zwischen die Steine gestrichen und am Ende ein Verputz angebracht.

Gut, wenn das Kind bei Baustellen stehen bleiben und zuschauen darf. Die meisten Kleinkinder sind fasziniert davon.

Tagesmutter/ Erzieherin
Gedächtnis, Einfühlungsvermögen, Selbstwertgefühl, ab ca. 2 ½ Jahre

■ Vor allem wenn das Kind eine Kindertagesstätte (Kita) besucht, wird es dieses Spiel mögen. Mama ist das Kind, Tochter oder Sohn die Erzieherin. Diese gibt nun vor, was gespielt wird, wie sich Kinder vertragen sollen, ob sie in den Garten dürfen oder ob sie einen Mittagsschlaf halten sollen.

Wer sich aufmerksam auf das Spiel des Kindes einlässt, kann gut erkennen, wie sich das Kind in der Kita fühlt.

Modenschau

Selbstwertgefühl, Sozialverhalten, Kreativität,
ab ca. 2 ½ Jahre

■ Alle Puppen und Teddys gehen zu einer Modenschau. Sie sind die Models, die schöne Kleider vorführen. Das Kind ist der Designer, Mama und Papa (oder/und Kinderfreunde) sind das Publikum.
Damit die Modenschau auch richtig Spaß macht, müssen Puppen und Kuscheltiere vorher schick angezogen werden. Da helfen alte Stoff- und Wollreste, „echte" Puppenkleidung aus dem Spielzeugladen, Tücher von Mama, auch Schuhe und alter Modeschmuck kann die Puppen verschönern.
Wenn alle Teddys und Puppen angezogen sind, führt das Kind sie über den Laufsteg. Das kann ein Stoffstreifen oder ein dünnes Brett sein, das auf Boden oder Tisch ausgelegt wird.
Am Ende darf das Publikum das schönste Outfit aussuchen und besonders dafür applaudieren.

Kranfahrer

Motorik, Rücksicht, Sozialverhalten,
ab ca. 3 Jahre

■ Ein Stuhl ist der Kran. Dieser muss als erstes aufgestellt werden. Der Boden um den Stuhl ist die Baustelle; der Ausleger ein Stock mit einer Schnur daran. Nun klettert der Kranfahrer nach oben (steigt auf den Stuhl oder das Sofa) und hält den Ausleger in der Hand. Mama ist die Helferin und bindet etwas an die Schnur (z. B. einen Betonkübel oder ein Paket Ziegelsteine oder Glasscheiben für die Fenster). Das wird dann auf die andere Seite der Baustelle gehievt – das Kind dreht sich und lässt seine Last langsam wieder nach unten. Helferin Mama macht sie von der Schnur und bedankt sich.

Bildergalerist

Selbstwertgefühl, Kreativität, ab ca. 3 Jahre

■ Bilder, die das Kind gemalt hat, werden an einer Paketschnur mit Wäscheklammern befestigt. Die Schnur wurde vorher zum Beispiel mit Tesafilm am Kinderzimmerschrank oder an der Wand oder quer durchs Zimmer von Türstock zum Fenster gespannt. Dann werden „Preisschildchen" (kleine bunte Aufkleber aus dem Schreibwarengeschäft) auf die Bilder geklebt. Papa und Mama sind interessierte Kunden und kaufen ihrem Kind die Kunstwerke ab. Dafür wird Spielgeld verwendet – entweder aus dem Spielzeuggeschäft, oder selbst gemacht: ein paar Münzen unter ein Blatt Papier legen, mit einem Bleistift oder Buntstift so lange darüber malen, bis die Münze sichtbar wird. Dann ausschneiden. Der Galerist, die Galeristin (also das Kind) erklären dem Kunden, was auf dem Bild zu sehen ist und was es kosten soll.

Nachrichtensprecher

Sprache, Aufmerksamkeit, Selbstbewusstsein, ab ca. 3 Jahre

- Ähnlich wie im Fernsehen hält sich das Kind ein Mikrofon vor den Mund (das kann irgendein Spielzeug sein) und spricht dort seine Nachrichten hinein. Es kann von allem berichten, was es kennt und was um es herum so passiert.

Osterhase

Konzentration, Aufmerksamkeit, Sozialverhalten, ab ca. 3 Jahre

- Das Kind setzt selbst gebastelte Hasenohren auf (Anleitung: An eine Mütze oder einen Haarreif zwei Stoff- oder Papierohren nähen oder tackern). Dann nimmt es ein Körbchen oder Täschchen, legt Eier, Spielzeug, Zuckerzeug (alles Spielsachen) hinein. Nun hoppelt es durch die Wohnung und versteckt das Osterkörbchen. Mama spielt das Kind und muss das Körbchen suchen. Dann werden die Rollen getauscht.

Urlaub

Sozialverhalten, Kreativität, Sprache, ab ca. 3 Jahre

- Mama und Kind überlegen, wohin es im Urlaub gehen soll. Dann werden für Puppen und Kuscheltiere die Koffer gepackt. Was muss alles mit? Kleidung, Schuhe, Badesachen, Taschenlampe, Schmusekissen, Bilderbuch, Malstifte – alles kommt in einen kleinen Puppen- oder Kinderkoffer oder in einen Rucksack.
Dann werden zwei Kissen (als Auto) auf den Boden gelegt, beide steigen ein (einer hinten, einer vorne) und es geht los: Anschnallen, Kurve nach links, Kurve nach rechts, geradeaus, den Berg hinauf, einen Abhang herunter. Damit die Fahrt nicht zu langweilig wird, kann man Lieder singen oder aus dem Fenster schauen und beschreiben, was zu sehen ist (eine Wiese, eine Kuh, ein Hund, Häuser, eine Kirche, andere Autos) – der Fantasie sind keine Grenzen gesetzt.

Schließlich ist man angekommen, das Auto wird geparkt, die Koffer ausgepackt …
Variante: Die Reise kann auch mit Zug, Flugzeug oder Schiff gemacht werden. Dann gibt es andere Erlebnisse (Bahnhof, Flugplatz, Schiffsanleger) und andere Dinge zu sehen.

Alltag und

Am liebsten sind Kinder in der Nähe der Eltern und am liebsten machen sie all das, was auch die Eltern tun. Deshalb sind Alltag und Haushalt, insbesondere die Küche, ideale „Spielplätze". Das kann insbesondere berufstätige Mütter nerven. Denn natürlich dauert die Arbeit länger, wenn das Kleinkind „mitmischt". Stress soll es für die Mutter nicht geben. Vielleicht kann sie ja extra Tage einrichten, an denen das Kleine im Haushalt helfen darf. Denn dabei werden viele Fähigkeiten gefördert: Denkvermögen, Kreativität, Sinne, Koordination, Selbstbewusstsein, Sozialverhalten.

Haushalt

Lieder in der Küche

**Gehör, Rhythmusgefühl, Gehirnentwicklung,
ab dem Babyalter**

▪ Kartoffellied

Pasteten hin, Pasteten her, was kümmern uns Pasteten?
Die Kumme hier ist auch nicht leer und schmeckt so gut
als bonne chere von Fröschen und von Kröten.
Und viel Pastet' und Leckerbrot
verdirbt nur Blut und Magen.
Die Köche kochen lauter Not, sie kochen uns viel eher tot;
Ihr Herren, lasst euch sagen!
Schön rötlich die Kartoffeln sind und weiß wie Alabaster!
Sie däun sich lieblich und geschwind und sind
für Mann und Frau und Kind ein echtes Magenpflaster.
(Matthias Claudius)

Die Mühle
Es klappert die Mühle
am rauschenden Bach,
klipp, klapp!

Bei Tag und bei Nacht
ist der Müller stets wach,
klipp, klapp!
Er mahlet das Korn
zu dem kräftigen Brot,
und haben wir dieses,
so hat's keine Not.
Klipp, klapp, klipp, klapp, klipp, klapp!

Flink laufen die Räder
und drehen den Stein,
klipp, klapp!

Der Bäcker den Zwieback
und Kuchen draus bäckt,
der immer den Kindern
besonders gut schmeckt.
Klipp, klapp, klipp, klapp, klipp, klapp!

Wenn reichliche Körner
das Ackerfeld trägt,
klipp, klapp!

Die Mühle dann flink
ihre Räder bewegt,
klipp, klapp!

Und schenkt uns der Himmel
nur immer das Brot,
so sind wir geborgen
und leiden nicht Not.
Klipp, klapp, klipp, klapp, klipp, klapp!

Backe, backe, Kuchen
Backe, backe, Kuchen,
der Bäcker hat gerufen.
Wer will guten Kuchen Backen,
der muss haben sieben Sachen,
Zucker und Salz,
 Eier und Schmalz,
 Milch und Mehl,
Safran macht den Kuchen gel.
Schieb, schieb in'n Ofen rein.

Backe, backe Kuchen,
der Bäcker hat gerufen,
hat gerufen die ganze Nacht,
Paul (Name des Kindes)
hat keinen Teig gemacht,
kriegt er auch kein' Kuchen.

Die kleine Hex
Morgens früh um sechs
kommt die kleine Hex;
morgens früh um sieben
schält sie gelbe Rüben;
morgens früh um acht
wird der Kaffee gemacht;
morgens früh um neune
geht sie in die Scheune;
morgens früh um zehne
holt sie Holz und Späne;
feuert an um elfe,
kocht sie bis um zwölfe
Fröschebein und Krebs und Fisch.
Hurtig, Kinder, kommt zu Tisch!

Küchenspiele mit dem Baby

Gehirnentwicklung, Sehsinn, Gehör,
ab ca. 4 Wochen

- Das Baby freut sich, wenn es der Mutter in der Küche zusehen kann. In einer Wippe oder Babyschale sollte es auf dem Boden stehen.
Zur Unterhaltung bekommt es erklärt, was die Mama gerade macht, etwa „Mama schält Kartoffeln fürs Abendessen" oder „das Geschirr muss von der Spülmaschine in den Schrank".
Das Baby mag es auch, wenn Mama bei der Küchenarbeit singt.

Das Krabbelkind hilft mit

Gehirnentwicklung, Sinne,
ab ca. 8 Monate

- Jetzt muss alles Gefährliche und Zerbrechliche nach oben geräumt sein. Spielsachen aus dem Küchenfundus sind jedoch toll. Etwa eine Schublade mit Schüssel, Kochtopf (klein und leicht), Kochlöffel, Topfdeckel (Metall), Sieb, Kunststoffbecher beschäftigen den kleinen Helfer intensiv. Ausräumen, einräumen, daran lutschen, Geräusche damit erzeugen, trommeln …

Alltag und Haushalt 105

Schaumkrönchen
Tastsinn, Riechen, ab ca. 10 Monate

■ In der Badewanne kann Mama ihrem Kind mit Badeschaum wunderschöne „Verzierungen" anbringen. Eine Krone auf dem Kopf, Schaumpolster an den Wangen, Schaumberge auf Händen oder Füßen.
Im Waschbecken oder in der Küche im Spülbecken kann das größere Kind (ab ca. 1 ½ Jahre) das gleiche mit seiner Puppe machen.

Stapeln
Größen und Formen unterscheiden, ab ca. 1 Jahr

■ Schüsseln (Kunststoff oder Metall) oder Töpfe stapeln, Schubladen einräumen und große und kleine Löffel sortieren sind tolle Spiele, während die Mutter in der Küche arbeitet.

Gemeinsam backen
Grob- und Feinmotorik, alle Sinne, ab ca. 1 Jahr

■ Von jedem Teig, der sich kneten lässt, soll das Kind ein Stück abbekommen. Nach ausgiebigem Kneten lassen sich mit beiden Händen lange Würste rollen. Die Teigwurst einmal knoten, etwas in Form drücken und mit einem Rosinenauge verzieren und schon ist ein wunderbarer kleiner Teigvogel entstanden. Nach dem Backen ist der Vogel zum Essen freigegeben.

Jetzt noch backen – und dann genießen.

106   Alltag und Haushalt

Sicher und trotzdem schön: Diodenkerzen

Wasser marsch

Gehirnentwicklung, praktische Intelligenz, Selbstbewusstsein, ab ca. 1 ½ Jahre

■ Mama zeigt ihrem Kind, wie es den Wasserhahn öffnen und wieder schließen kann. Es lernt den Zusammenhang von Ursache und Wirkung: Wasserhahn auf – Wasser läuft; Wasserhahn zu – kein Wasser läuft mehr.
Ähnlich faszinierend fürs Kind ist es, eine Kerze auszupusten: Erst flackert die Flamme ein wenig, dann verschwindet sie und es raucht leicht.
Natürlich dürfen diese Spiele ausschließlich zusammen mit Mama gespielt werden.

Staub wischen

Tastsinn, Feinmotorik, Geschicklichkeit, Selbstvertrauen, ab ca. 1 ½ Jahre

■ Kinder sind mit Eifer beim Saubermachen, wenn auch Mama das tut. Gibt sie Sohn oder Tochter ein Staubtuch oder einen Staubwedel, wird er oder sie mit Begeisterung Staub wischen. Etwa die Stühle, die unteren Regalfächer, die Schranktüren.

Gießen

Tastsinn, Augen-Hand-Koordination, Feinmotorik, ab ca. 1 ½ Jahre

■ Super Spiel: etwas von einem Gefäß in ein anderes umschütten. Z. B. Erbsen, Reis, Nudeln (es reichen winzige Mengen). Tassen, Becher, Messbecher, kleine Töpfe sind die idealen Behältnisse dafür. Am besten sitzt das Kind bei dieser „Arbeit" auf dem Boden oder auf dem Kinderhochstuhl am Tisch.

Tauschen

Tastsinn, Handgeschicklichkeit, Sprache,
ab ca. 1 ½ Jahre

- Mama gibt ihrem Kind etwas in die Hand. Dann reicht sie ihm etwas anderes, das Kind gibt ihr seines. Das Ganze wird begleitet vom Gespräch: Ich gebe dir den Löffel, du gibst mir dafür den Ball. Du bekommst die Rührkelle, ich nehme dir dafür die Puppe ab. Das Spiel wird richtig spannend, wenn Mama und Kind noch Eigenschaften des Tauschgegenstands benennen. Der Baustein ist glatt und rot, wie ist dein Teddy? Ist er schwer? Bunt? Rau? Warm? Kalt? Leicht?

Sammeln

Feinmotorik, Sinne,

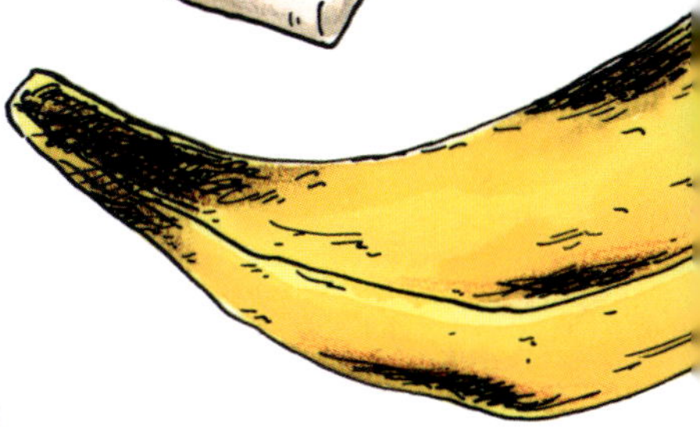

- Bauklötzchen, Spielzeugautos, Püppchen – oft liegen viele Spielsachen in der ganzen Wohnung herum. Ein wunderbares Aufräumspiel, das den Allerkleinsten schon Spaß macht: Kind und Mutter (oder mehrere Kinder) bekommen jeweils verschiedene Säckchen oder Kistchen. Nun sind sie die großen Sammler, die die Spielsachen in ihre Behältnisse einsammeln. Am Schluss gibt es eine Belohnung.

Spülen

Koordination, Selbstbewusstsein, Sinne,
ab ca. 1 ½ Jahre

- Eine Kunststoffschüssel mit etwas warmem Wasser und Spülmittel – damit kann das Kind sein eigenes Essgeschirr und ein paar zusätzliche Plastik- oder Besteckteile (keine Messer) abspülen und abtrocknen.

108 Alltag und Haushalt

Erfühlen

Tastsinn, Gehör, Geruchssinn, ab ca. 2 Jahre

■ In einem Säckchen sind zwei bis drei Sachen – eine Orange, ein Apfel, ein Löffel. Das Kind soll diese Gegenstände nur mit den Händen erfühlen. Oder mit geschlossenen Augen an den eingekauften Dingen schnuppern und erraten, was es ist.

Ausräumen

Praktische Intelligenz, Geschicklichkeit, ab ca. 2 Jahre

■ Ist die Waschmaschine fertig, mag das Kind helfen, die nasse Wäsche aus der Trommel zu nehmen. Es kann sie Mama für den Trockner reichen oder in einen dafür vorgesehenen Wäschekorb legen. Etwas ältere Kinder (ab ca. 2 ½ Jahre) können einzelne glatte Stücke schon allein aufhängen etwa auf einem Puppenwäscheständer.

Spülen und trocknen wie die Großen!

Falten und legen

Praktische Intelligenz, Geschicklichkeit, Gedächtnis, ab ca. 2 Jahre

■ Ist die Wäsche trocken, kann das Kind helfen, damit sie in den Schrank kommt. Es kann Handtücher falten, T-Shirts nach Farben sortieren, Socken zusammenstecken (ab ca. 3 Jahre), seine eigenen Hosen und Pullis falten. Ein großes Lob sollte auf jeden Fall folgen.

Salzteig kneten

Grob- und Feinmotorik, Tastsinn, Konzentration, ab ca. 2 ½ Jahre

■ Teig kneten und daraus etwas gestalten, das dann gebacken wird, ist einfach toll. Zum Beispiel an einem extra „Teigtag" mit Salzteig, aus dem sich hübsche Sachen kneten und formen lassen.

Grundrezept für Salzteig

1 Tasse Mehl,
1 Tasse Salz,
8 –10 Esslöffel Wasser gut vermischen und kneten. Den Teig ausrollen, mit Förmchen verschiedene Motive ausstechen oder freie Formen gestalten.
Die Teigstücke 30 bis 40 Minuten bei 150 °C backen. Nach dem Abkühlen bemalen oder schon vorher in den Teig Lebensmittelfarben einkneten.

Waschen und schneiden

Geschicklichkeit, Feinmotorik, Koordination, ab ca. 2 ½ Jahre

■ Obst oder Salat waschen ist Arbeit, Spiel und Spaß zugleich. Mit einem abgerundeten, stumpfen Messer kann das Kind auch weiches Obst, beispielsweise Bananen für einen Obstsalat, aufschneiden.

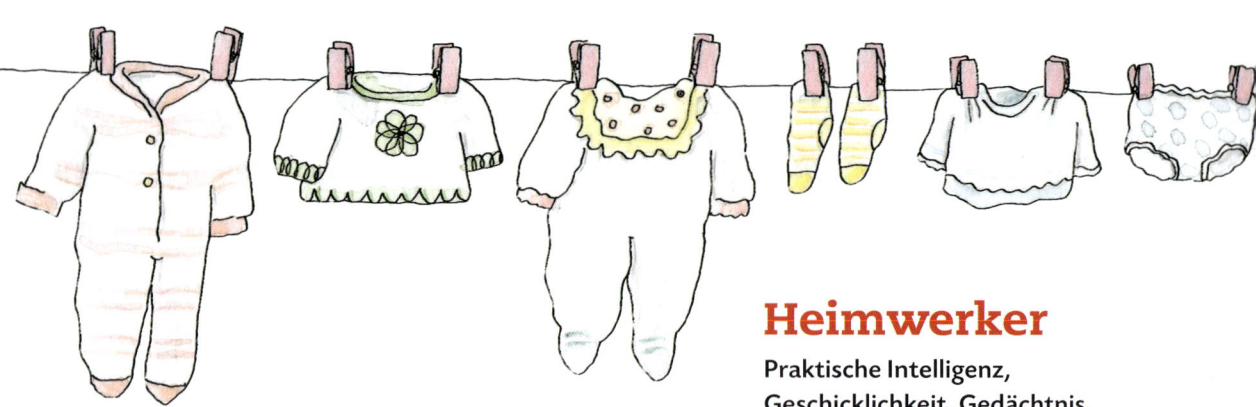

Waschtag
Praktische Intelligenz, Geschicklichkeit, Gedächtnis,
ab ca. 2 ½ Jahre

■ Mama muss Wäsche waschen. Das Kind hilft beim Sortieren. Pullover, Socken, Unterwäsche, Handtücher. Alles kommt auf einen extra Stapel. Ist die Wäsche schon in verschiedenen Behältern vorsortiert, kann das Kind überprüfen, ob dies richtig gemacht wurde.

Kleine Kinder mögen der Waschmaschine sehr gerne bei der Arbeit zusehen. Wie sich die Wäsche bewegt, wie Schaum entsteht, wie schnell oder langsam sich die Trommel dreht.

Heimwerker
Praktische Intelligenz, Geschicklichkeit, Gedächtnis,
ab ca. 2 ½ Jahre

■ An einer Werkbank aus Holz (es gibt sie mit Werkzeug, Schrauben und Hammer fertig im Spielwarenhandel) lässt sich prima Hämmern und Zimmern. Ab etwa 3 Jahre kann das Kind auch schon mit echtem Werkzeug hantieren – ein leichter Hammer, eine kleine Zange helfen ihm bei der Arbeit.

Ideales Material ist weiches Holz. Auch Stoff, Bausteine, Kunststoff lassen sich verbauen.

Backen
Selbständigkeit, Feinmotorik, Koordination,
ab ca. 2 ½ Jahre

Mehl sieben, mit Förmchen Plätzchenteig ausstechen, den Teigklumpen kräftig kneten und hübsche Figuren daraus formen: Backen gehört nach wie vor zu den Lieblingstätigkeiten in der Küche. **Übrigens:** Plätzchenformen sind im Haushalt vielseitig verwendbar. Man kann damit auch Wurst und Käse in appetitliche, lustige Formen bringen.

Besuch ist da

Sozialverhalten, Sinne, Konzentration, ab ca. 2 ½ Jahre

■ Sind Kinder zu Besuch macht dieses Spiel großen Spaß: Alle sitzen um den Tisch. Einer ist der „Vorsager" (kann auch eine Mutter oder ein Vater sein) und der sagt „alle Vögel fliegen hoch". Jetzt müssen alle Kinder ihre Arme hochrecken. Dann geht es weiter – alle Fliegen fliegen hoch, alle Bienen fliegen hoch, alle Spatzen fliegen, alle Tauben fliegen hoch. Plötzlich heißt es aber „alle Katzen fliegen hoch". Da müssen die Arme unten bleiben. Die Kinder müssen sich sehr konzentrieren, um ihre Arme immer an der richtigen Stelle hochzuwerfen oder unten zu lassen.

alle Vögel fliegen...

Tisch decken

Koordination, Tastsinn, Gleichgewicht, Selbstbewusstsein, ab ca. 2 ½ Jahre

■ Das Kind kann Becher und Teller auftragen (kein wertvolles Porzellan) – aber einzeln oder höchstens zwei Stücke gleichzeitig. Auch Servietten falten und an die Essplätze legen kann es schon. Schließlich fehlt noch Besteck, das vom Nachwuchs zurecht gelegt werden kann (Ausnahme: scharfe Messer).

Salat schleudern und zupfen

Feinmotorik, Selbstbewusstsein, Koordination, ab ca. 2 ½ Jahre

■ Echte Profiarbeit: Nach dem Waschen den Salat in die Schleuder gegeben und kräftig (mit Mamas Hilfe) am Schnürchen ziehen oder drehen. Schließlich kann der Nachwuchs die großen Blätter auch noch in mundgerechte kleine Stücke zupfen.

Nähen

Praktische Intelligenz, Feinmotorik, Selbstbewusstsein, ab ca. 3 Jahre

■ Stoffrest, Wollfäden, Bindfaden, Lederstücke, Kunstpelz, Gummi, Samt, Baumwollstoff eignen sich wunderbar für eine Nähkiste fürs Kind. Da die Kleinen noch nicht mit der Nadel umgehen sollen, hilft eine Kinderschere und Stoffkleber (Textilkleber), um wunderschöne Dinge herzustellen.

Puppenhaus

Geschicklichkeit, Feinmotorik, Kreativität, ab ca. 3 Jahre

■ Alte Schuhkartons eignen sich prima, um damit ein Puppenhaus (oder eine Parkhaus für Spielzeugautos) zu bauen. Das Kind stellt sie so aufeinander, wie es die verschiedenen Zimmer haben möchte. Mama oder Papa tackern oder kleben sie zusammen. Mit bunten Bausteinen lassen sich Möbel und andere Einrichtungsgegenstände „bauen". Aus buntem Papier können Blumen ausgeschnitten werden oder eine Wandverkleidung gebastelt.

Ordnen

Praktische Intelligenz, Geschicklichkeit, Gedächtnis, ab ca. 3 Jahre

■ Farbe, Material, Form – nach diesen Kriterien kann das Kind große Knöpfe sortieren. Ist ein Knopf rau oder glatt? Hat er vier oder zwei Löcher oder überhaupt keines, dafür aber auf der Unterseite eine Öse?

Alltag und Haushalt 113

Staubsaugen
Selbstvertrauen, Handgeschicklichkeit, ab ca. 3 Jahre

■ Staubsaugen ist natürlich die Arbeit der Mutter. Aber das Kind kann dabei helfen. Etwa auf den Knopf drücken, damit der Staubsauger läuft. Oder im Kinderzimmer auch einmal selbst ein wenig saugen. Dann ist es auch leichter, vorher den Boden gründlich aufzuräumen, damit der Staubsauger nichts „verschluckt".

Müll trennen
Praktische Intelligenz, Geschicklichkeit, Gedächtnis, ab ca. 3 Jahre

■ Mama zeigt ihrem Kind, wohin der Müll kommt: Glas in einen bestimmten Behälter, Wertstoffe wie Kunststoff (etwa Joghurtbecher) in einen anderen, Papier wieder wo anders. Das Kind wird mit Begeisterung bei der Mülltrennung in der Wohnung helfen und dabei gleich eine Menge über Umweltschutz und Recycling lernen, wenn ihm Mama das erklärt. Höhepunkt der Arbeit: Es darf zur entsprechenden Tonne oder zum Container mit kommen zum Entsorgen.

Spülmaschine bedienen
Formen, Größen, Material unterscheiden, Konzentration, ab ca. 3 Jahre

■ Ein- und Ausräumen der Spülmaschine gehört zu den Höhepunkten der Küchenspiele. Teller, Töpfe und robuste Gläser einsortieren und nach dem Spülen wieder herausnehmen und an Mama weiterreichen, machen das Kleine stolz.

Malen, BASTELN, reißen, KLEBEN

Malen und basteln aber auch hämmern und schrauben: der Umgang mit Farben, Formen, unterschiedlichen Werkstoffen (wie Papier, Stoff, Stein, Wolle, Blätter, Holz) und Werkzeug fördert viele Fähigkeiten des Kindes – praktische Intelligenz, Kreativität, Geschicklichkeit, Feinmotorik – und spielt deshalb eine große Rolle für die Entwicklung.

Einstecken

Sehen, Fingergeschicklichkeit, Auge-Hand-Koordination, ab ca. 12 Monate

- In einen Karton (z. B. Schuhkarton) Schlitze schneiden – groß, klein, waagrecht, senkrecht, enger, weiter. Das Kind bekommt bunte Kunststoffscheiben, Postkarten, Papierschnitzel, Pappe, Briefumschläge, die es in die Schlitze einstecken darf.

Je jünger das Kind ist, umso einfacher muss dieses Spiel sein. Also anfangs vielleicht zwei Schlitze, später (ab ca. 2 Jahre) dann mehr.

Muster

Gehirnentwicklung, Geschicklichkeit, Kreativität, ab ca. 14 Monate

- Bunte Bausteine, Papierschnipsel (sehr beliebt: bunte Katalogseiten), herbstlich verfärbte Blätter, kurze Wollfäden, Stoffteile eignen sich wunderbar für kreative Muster, die man auf Boden oder Tisch auslegen kann. Anfangs muss Mama noch ein wenig helfen oder die Anregung geben. Später erfindet das Kind ganz allein die schönsten Legebilder.

Schiffchen

Fingerfertigkeit, Aufmerksamkeit, ab ca. 14 Monate

- Ein Blatt Papier (DIN A 4) an der Längsseite mittig falten; die beiden oberen Ecken in die Mitte biegen und fest streifen; ein Dreieck über einem Rechteck ist entstanden; als nächstes werden die Rechtecke nach oben gebogen – eines vorne, eines hinten; die Ecken jeweils nach hinten umbiegen.
Nun das Dreieck unten aufklappen und anders herum zusammenlegen, dass eine Raute entsteht; die unteren Ecken nach oben klappen (je eine vorne, eine hinten). Wieder ist ein Dreieck entstanden. Dieses wieder aufklappen; dann vorsichtig an den beiden oberen Ecken nach außen ziehen; das Schiffchen ist fertig – und macht dem Kind viel Spaß.

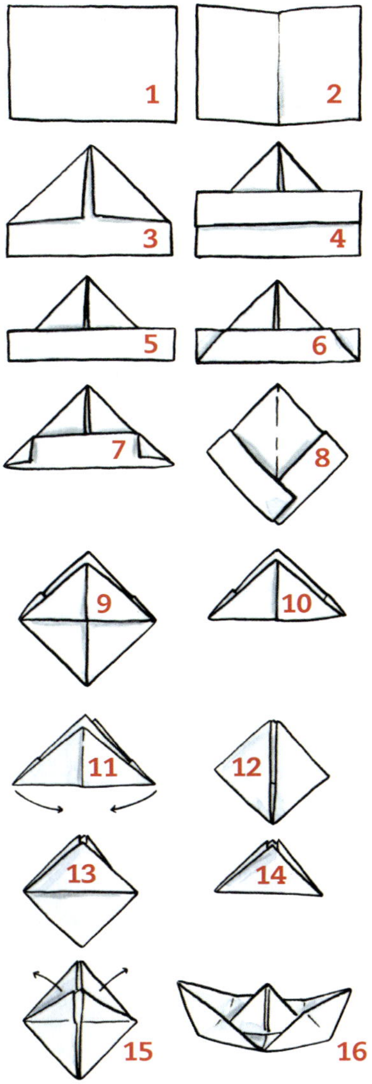

Stempelbilder

Kreativität, Feinmotorik, Gehirnentwicklung, ab ca. 1 ½ Jahre

■ Material: Fingerfarben, kräftiges Papier, z. B. Packpapier. Das Kind darf seine Finger in die Farben eintauchen und damit auf das Papier „stempeln". Die Fingerstempel werden zu lustigen Bildern angeordnet. Etwa zu einem Gesicht oder einem Baum oder einem Auto usw.

Küchenbilder

Feinmotorik, Kreativität, ab ca. 1 ½ Jahre

■ Mit Buntstiften und Papier kann das Kind am Küchentisch (oder auf dem Boden, das macht kleinen Kindern gar nichts aus) die Dinge malen, die es aus der Küche kennt: Äpfel, Nudeln, Kochtopf, Sieb, Herd usw.
Ein solches Bild kann auch zum Merkzettel für den nächsten Einkauf werden.

Es macht überhaupt nichts aus, wenn die Gegenstände für Erwachsene nicht auf Anhieb zu erkennen sind. Das Kind weiß Bescheid und darf dafür auch gelobt werden.

Perlenkette
Konzentration, Geschicklichkeit, Sinne,
ab ca. 2 Jahre

■ Bunte Holzkugeln mit Loch in der Mitte, Glöckchen, große Knöpfe werden auf eine Schnur aufgefädelt (je kleiner das Kind, umso dicker die Schnur und um so größer die Teile). Am Ende wird sie zusammen gebunden und das Kind hat eine wunderbare Perlenkette, mit der es rasseln, klingeln, knistern kann. Oder sich selbst oder seine Puppen und Kuscheltiere damit schmücken.

Strukturbilder
Feinmotorik, Sinne, Gehirnentwicklung,
ab ca. 2 Jahre

■ Material: Strukturierte Papiere oder Holz sowie Kreide oder Wachsmalstifte in verschiedenen Farben. Mit der Farbe über den Untergrund malen und dann sehen, welches Bild entstanden ist.

Zauberbild
Feinmotorik, Sinne, Kreativität,
ab ca. 2 Jahre

■ Mit weißem Wachsmalstift dick auf ein weißes Papier malen. Danach mit Fingerfarben oder Wasserfarben und einem dicken Pinsel darüber malen. Das ergibt hübsche Muster, weil sich die Farbe entweder auf dem Wachsmalstift erhebt oder weil sie dort gar nicht erscheint und nur in den Zwischenräumen auf weißem Papier zu sehen ist.

Malen, basteln, reißen, kleben **119**

Abdrücke

Sinne, Gleichgewicht, Beweglichkeit, ab ca. 2 Jahre

■ Fingerfarben werden auf einem flachen Pappteller ein klein wenig mit Wasser verdünnt. Dann darf das Kind beide Hände hineintauchen und danach damit auf einem Bogen Packpapier seine Abdrücke hinterlassen. Besonders schön: Im Sommer kann das Kind auf Balkon, Terrasse oder im Garten auch mit den nackten Füßen in die Farbe steigen und Fußstempel produzieren.
Macht auch Spaß: Nur die Fingerspitzen in die Farbe tauchen und damit Muster aufs Papier malen.

Fingerfarben sind wasserlöslich und lassen sich deshalb überall wieder gut entfernen.

Abstraktes

Kreativität, Sinne, Gehirnentwicklung, ab ca. 2 Jahre

■ Mit Farbe darf ein dicker, möglichst flüssiger Klecks aufs Papier gemacht werden. Hebt man dieses an den Rändern hoch, zerfließt der Klecks und hinterlässt interessante Gebilde.
Variante: Zwei verschiedenfarbige Kleckse, dann mischen sich die Farben.

Kastanien schubsen

Motorik, Konzentration, ab ca. 2 Jahre

■ Mama schneidet die leere Papprolle von Toilettenpapier in ca. zwei Zentimeter hohe Abschnitte. Das Kind darf in jeden so entstandenen Ring eine Kastanie legen. Nun werden zwei, drei übrige Kastanien in ein kleines Netz oder Säckchen gepackt und eine Schnur daran gemacht. An der Schnur werden nun mit dem Säckchen die Kastanien in den Ringen vom Tisch geschubst.

Sterne

Motorik, Konzentration, Kreativität,
ab ca. 2 Jahre

Lieblings-Monster

- Mama schneidet Sterne aus leichtem Karton. Das Kind darf buntes Papier zurechtreißen oder mit einer Kinderschere (ab ca. 3 Jahre) schneiden und es dann auf die Sterne kleben. Danach können die Sterne als Zimmerschmuck aufgehängt werden.

Knetebilder

Feinmotorik, Sinne, Gehirnentwicklung,
ab ca. 2 ½ Jahre

- Plastilin oder andere Knete wird flach ausgewalzt. Dann wird es verziert, indem das Kind bunte Steine, Perlen, Muscheln aus dem Urlaub hineindrückt. Material, das hart wird, kann man nach dem Trocknen sogar aufhängen.

Skulpturen

Feinmotorik, Sinne, Gehirnentwicklung,
ab ca. 2 ½ Jahre

- Hände und Füße lassen sich prima in Ton oder anderer Knete modellieren: Hände kräftig hineindrücken, mit den Füßen hineinsteigen. Nach dem Trocknen oder Brennen können diese Skulpturen aufgehängt werden.

Laterne basteln

Motorik, Konzentration, ab ca. 2 ½ Jahre

- Ein leeres Tetrapack von Milch oder eine größere PET-Flasche von Wasser oben abschneiden. Mit dünnem bunten Papier bekleben (ins Tetrapack muss man dafür noch „Fenster" schneiden, sonst scheint kein Licht durch).
Oben eine Kordel daran binden – dafür mit einem Locher zwei Löcher einstanzen. An einen Stock binden, mit dem die Laterne getragen wird. Innen hinein kommt ein LED-Licht.

Malen, basteln, reißen, kleben **121**

Klebebild
Kreativität, Feinmotorik, Sinne, Gehirnstrukturen, ab ca. 2 ½ Jahre

■ Material: Kataloge, größeres Papier, z. B. Packpapier, Klebstoff, am besten ein Klebestift, evtl. Buntstifte.
Das Kind kann aus dem Katalog Bilder ausreißen und dann auf das große Blatt Papier zu einer Kollage aufkleben.

Post für Oma
Denkvermögen Feinmotorik, Sprache, ab ca. 2 ½ Jahre

■ Auch im High-Tech- und Digitalzeitalter freuen sich vor allem ältere Menschen immer noch über „richtige" Post. Das Kind soll auf ein Blatt Papier ein Bild für Oma malen. Von sich selbst oder seinen Erlebnissen. Wenn es will, darf es auch kleine, flache Sachen aufkleben. Mama schreibt dann auf Wunsch Erklärungen und Grüße darauf – das bin ich im Zoo; ich kann schon balancieren; ich habe beim Einkaufen geholfen; sei lieb gegrüßt; ich freue mich, wenn wir uns wiedersehen.
Wenn der Brief abgeschickt wird, darf das Kind natürlich mit zur Post oder zum Briefkasten.

Masken basteln

Feinmotorik, Konzentration, Kreativität,
ab ca. 2 ½ Jahre

- Das Kind darf weiße Pappteller bemalen, etwa mit Fingerfarben. Danach werden von Mama Öffnungen für Augen, Nase und Mund hineingeschnitten. Dann bekommt der Teller an beiden Seiten ein kleines Loch; dort wird ein Gummiband befestigt, mit dem sich die Maske vor dem Gesicht tragen lässt.
- Eine Blütenkrone entsteht, wenn man einen Ring aus etwas kräftigerem Papier zusammenklebt. Daran werden die Blütenblätter mit Klebstoff befestigt – einfache Papierstreifen, die das Kind vorher bemalen durfte.
- Mama schneidet aus einem Eierkarton die einzelnen Becher aus. Das Kind darf sie bemalen. Dann wird beidseitig ein dünnes Gummiband befestigt und der Becher kann als Nase getragen werden.
- Einen etwa drei Zentimeter breiten Streifen aus dünnem Karton oder festem anderen Papier schneiden. Die beiden Enden mit einem Gummiband verbinden. Neben dem Band eine oder zwei Federn festkleben. Idealer Kopfschmuck zum Verkleiden.
- Halskette. Aus buntem Papier etwa gleich lange Streifen schneiden. Aus dem ersten einen Ringe kleben, den nächsten durch den ersten ziehen, wieder zum Ringkleben. Immer weiter, bis alle Streifen Ringe sind und zusammenhängen.

Fingerwichtel

Feinmotorik, Fantasie,
ab ca. 2 Jahre

- Material: Wasser- oder Fingerfarben. Lassen Sie Ihr Kind die Fingerspitzen in die Farben eintauchen oder geben Sie ihm auf jeden Finger einen Farbklecks. Sie selbst können das auch bei sich machen. Nun hat jeder zehn kleine Fingerwichtel, mit denen sich prima spielen lässt.

Herbstbild

**Kreativität, Feinmotorik, Sinne,
ab ca. 2 ½ Jahre**

■ Material: Bunte vom Baum gefallene Blätter, kleine Zweige, evtl. gefundene Federn, Karton, Klebstoff. Das Kind soll seine Schätze, die es beim Spaziergang gesammelt hat, auf einen Karton kleben und daraus ein Bild gestalten.

Waldbilder

**Geschicklichkeit, Kreativität, Feinmotorik, Sinne,
ab ca. 2 ½ Jahre**

■ Blätter, Blümchen, Zweiglein, die beim Spaziergang oder im Garten gesammelt wurden, auf Karton zu hübschen Mustern kleben.
■ Mit hellen Kreiden auf dunkles Papier malen. Oder mit dunklen auf helles Papier.
■ Sand, Steinchen, Wollfäden, bunte Schnipsel auf Pappe kleben. Der Kleber sollte geeignet für Kinder sein, also möglichst lösemittelfrei (z. B. Öko-Kleber, Schul- und Kindergartenkleber). Ideal für die Kleinen ist ein Klebestift.

Mobile
Feinmotorik, Konzentration, ab ca. 2 ½ Jahre

■ Vier Wattepads für einen Schneemann: Drei Pads mit Zwirn oder dünnem Garn mit wenigen Stichen so aneinandernähen, dass sie einen Schneemann ergeben. Das vierte Pad umbiegen oder zurecht schneiden, bis es ein Viereck wird und als „Hut" an das oberste Schneemann-Pad nähen. Das macht die Mutter.
Das Kind kann dann mit Filzstift auf das oberste runde Pad ein Gesicht, auf die unteren jeweils drei Knöpfe malen. Entweder einen oder mehrere gebastelte Schneemänner als Mobile im Zimmer aufhängen.

Malerhut aus Zeitungspapier
Feinmotorik, Gehirnentwicklung, Sinne, ab ca. 3 Jahre

■ Eine Zeitungsseite in der Mitte falten.
Nochmals in der Mitte falten, um die Mittellinie zu markieren. Wieder auseinanderklappen.
Die Ecken an der geschlossenen Kante zur Mittellinie knicken. Die vordere Lage des unten überstehenden Randes auf der Vorderseite, die andere auf Rückseite des Hutes nach oben falten. Anschließend die überstehenden Ecken von beiden Seiten aus jeweils nach hinten knicken. Fertig ist ein Malerhut.

Forscher
Konzentration, Sehen, ab ca. 2 ½ Jahre

■ Eine Lupe verändert die Welt. Das Kind kann damit die Dinge ganz anders, viel detailreicher sehen. Eine Blüte etwa oder Holzmaserung, die Struktur im Stoff, die Maschen vom Strickpulli, den kleinen Fleck auf der Haut, das Gesicht der Lieblingspuppe, das Muster auf kleinen Steinen, die Körnung von Zucker oder Salz. Der Fantasie sind dabei keine Grenzen gesetzt. Vielleicht mag es dann sogar ein Bild davon malen oder eine „Skulptur" aus Plastilin kneten.

Malen, basteln, reißen, kleben 125

Eierbecher
Kreativität, Feinmotorik, Gehirnentwicklung, ab ca. 3 Jahre

■ Material: Eierkartons, Farbstifte oder andere Farben wie Finger- oder Wasserfarben, Schere.
Den Eierkarton mit der Schere in die einzelnen Segmente zerschneiden (das muss ein Erwachsener machen) und diese bunt anmalen. Die Eierbecher werden etwas haltbarer, wenn sie anschließend mit Klarlack überzogen werden (ebenfalls vom Erwachsenen).

Fadenbilder
Kreativität, Feinmotorik, Gehirnentwicklung, ab ca. 3 Jahre

■ Material: Tonpapier, bunte Wollfäden in unterschiedlichen Stärken, Bastelkleber.
Wollfäden in unterschiedlicher Länge zuschneiden und mit dem Kleber lustige Motive auf das Papier kleben. Zusätzlich kann das Bild mit kleinen Papierkügelchen verziert werden.

Faltschmuck
Motorik, Fingerfertigkeit, Sprache, Konzentration, ab ca. 3 Jahre

■ Buntes Papier, etwa aus alten Katalogen oder Werbewurfsendungen wird in breite Streifen gerissen oder geschnitten. Dann wird das Papier in Ziehharmonikaform gefaltet. Am Ende in der Mitte mit einem schmalen Geschenkbändchen zusammen binden. Die Seiten auffächern. Die hübschen Gebilde, die dann entstanden sind, dienen als Zimmerschmuck. Weihnachten kann man sie auch an den Baum hängen.

Register von A bis Z

Abdrücke	119
Abstraktes	119
Adieu	66
Akrobat	22
Alle Vögel sind schon da	48
Angeln	17
Anregung für die Augen	73
Auf und ab	17
Aufstützen	16
Ausleeren	75
Ausräumen	108
Baby-Turnen	13
Backen	110
Bahnhof	78
Balancieren	27
Ballspiele	19
Bauchballett	81
Bauernhof	43
Bäumchen, wechsel Dich!	27
Bäumchenklettern	36
Beim Kinderarzt	90
Beingymnastik	16
Besuch	37
Besuch ist da	111
Bi-Ba-Butzemann	56
Bienchen, summ herum	51
Bildergalerist	98
Bodenbild	82
Brücke	20
Bruder Jakob	59
Brüderchen, komm, tanz mit mir!	55
Bunte Gesichter	37
Busfahrer	95
Butter stampfen	21
Das bucklige Männlein	52
Das Krabbelkind hilft mit	104
Das schmeckt!	83
Daumenspiel	32
Der Bär	30
Der kleine weiße Zahn	52
Der Kuckuck und der Esel	49
Die Faust	39
Die Katze jagt die Maus	12
Eierbecher	125
Einstecken	116
Entdecker	85
Entdeckungsreise	72
Erfühlen	108
Essen gehen	91
Fadenbilder	125
Fahrstuhl	17
Fahrzeug	23
Falten und legen	109
Faltschmuck	125
Faszinierendes Versteckspiel	72
Feuerwehr	94
Finger-Zoo	30
Fingergymnastik	38
Fingertanz	38
Fingerwichtel	122
Fleißige Handwerker	53
Fliegen	12
Forscher	124
Fuchs du hast die Gans gestohlen	57
Fußgymnastik	26
Fühlen und tasten	83
Fühlen und zählen	85
Fünf Fingerlein	34
Fünf Freunde	37
Fünf Männlein	45
Gärtner	94
Gemeinsam backen	105
Geräusche	72
Geräusche raten	86
Gesichter	30

Gespenster	73	Kopfüber	24
Gespensterreigen	40	Körperbild	78
Gewitter	44	Krabbelkäfer	31
Gießen	106	Kräftige Puste	86
Grimassen	70	Kranfahrer	97
Grün, grün, grün, sind alle meine Kleider	54	Küchenbilder	117
Guten Appetit-Lieder	62	Küchenspiele mit dem Baby	104
Guten Morgen	67	**L**aterne basteln	120
Gymnastik	12	Laternenlieder	60
		Lichtspiele	82
Hänschen klein	50	Lieder in der Küche	102
Hasen-Hüpfen	24		
Häuschen	41	**M**alerhut aus Zeitungspapier	124
Heimwerker	110	Mama – Papa	91
Heißa Kathreinerle	55	Masken basteln	122
Herbstbild	123	Massage	72
Hindernislauf	25	Maurer	96
Hmmm, das duftet	81	Mäuschenspiel	35
Hoch hinaus	18	Mäusebesuch	33
Hopsen	40	Memory	80
Horch, was kommt von draußen rein?	51	Mobile	124
Hund, Katze, Ente	90	Modenschau	97
		Morgengruß	35
		Mücke	34
Immer wieder	18	Müll trennen	113
		Musik machen	63
Jahreszeitenlieder: Winter	61	Musik sehen	78
		Musik und Tanz	66
Kapitän	92	Musizieren	76
Kastanien schubsen	119	Muskelspiele	87
Kathreinerle	55	Muster	116
Kaufmann	33,95		
Kitzelspaß	39	**N**achrichtensprecher	99
Klangspiele	70	Nachwuchs	44
Klebebild	121	Nähen	112
Klempner	93		
Kletterbaum	20	**O**hren gespitzt	73
Klettermaxe	19	Ordnen	112
Knetebilder	120	Osterhase	99
Kniereiterspiele	14		
Kniereiterverse	64	**P**erlenkette	118
Knistern	74	Perspektive	84
Kochen	91	Pferdekoppel	23
Kommt ein Vogel geflogen	59	Post für Oma	121

Prinzessin und Cowboy	92
Puppenhaus	112
Puppentheater	39
Put, put, put, ihr Hühnerchen	49
Regentanz	44
Reiten	15
Rennfahrer	95
Ringelreihen	67
Rutsche	17
Sachen suchen	84
Salat schleudern und zupfen	112
Salzteig kneten	109
Sammeln	107
Schau genau	78
Schauen und entdecken	70
Schaukelspiele	13
Schaumkrönchen	105
Schiffchen	116
Schifffahrt	18
Schlangenjagd	20
Schlepper	32
Schnuppern und schmecken	76
Schubkarre	25
Sinnesrätsel	81
Skulpturen	120
Sommer	58
Sonne und Regen	77
Sortieren	77
Spannenlanger Hansl, Nudeldicke Dirn	50
Sportstunde	26
Spreizgang	26
Springen	23
Spülen	107
Spülmaschine	113
Stapeln	105
Staub wischen	106
Staubsaugen	113
Stempelbilder	117
Sterne	120
Stille hören	85
Storchenprinz und Schmusekater	87
Streichelspiele	71
Strukturbilder	118
Super-Riese	92
Suse, liebe Suse	56
Tagesmutter/Erzieherin	96
Tanzen und hopsen	63
Tasten	74
Tastwand	76
Tauschen	107
Tauziehen	19
Taxifahrer	93
Tierschau	24
Tisch decken	111
Tolle Rolle	17
Traumreisen	79
Treppenlauf	24
Turnstunde	15
Uhren	21
Urlaub	99
Verstecken	67, 74
Versteckspiel	72
Versteinern	86
Vögel	42
Vögelchen	90
Wackelfinger	40, 42
Waldbilder	123
Was alles passiert	93
Was klingt denn da?	82
Waschen und schneiden	109
Waschtag	110
Wasser marsch	106
Wasserprusten	75
Wettlauf	22
Wolkentiere	80
Zärtlich	74
Zauberbild	118
Zehn Zappelfinger	41
Zeigt her eure Füßchen	48
Zippel-Zappelfinger	36
Zwergenspiel	34